BERNHARD ASMUTH

Daniel
Casper von Lohenstein

MCMLXXI

J. B. METZLERSCHE VERLAGSBUCHHANDLUNG

STUTTGART

Horst Belke
Heinz Geiger
Albert Klein
Jochen Vogt
gewidmet

ISBN 3 476 10097 9

M 97

© J. B. Metzlersche Verlagsbuchhandlung und Carl Ernst Poeschel Verlag GmbH
in Stuttgart 1971. Satz und Druck: H. Laupp jr Tübingen
Printed in Germany

REALIENBÜCHER FÜR GERMANISTEN

ABT. D:

LITERATURGESCHICHTE

Etwa ein halbes Jahrhundert lang galt L. als bedeutender, wenn nicht als größter deutscher Dichter. Dann geriet er als Inbegriff barocken Schwulstes für 200 Jahre in Verruf und Vergessenheit. Von der allgemeinen Aufwertung der Barockliteratur seit dem Expressionismus blieb auch sein Werk nicht ausgeschlossen. Die Neuausgabe seiner Trauerspiele in den fünfziger Jahren zog eine beträchtliche Zahl von Veröffentlichungen nach sich. Allerdings beruht das moderne Wohlwollen zum Teil auf dem Mißverständnis, der Psychologe des Lasters, als den man ihn nun feierte, sei insgeheim ein Amoralist oder bloßer Ästhet. Im übrigen hat sich das Interesse vornehmlich an seinen ambivalenten Frauengestalten entzündet, bes. an den Afrikanerinnen Cleopatra und Sophonisbe. Sie verwirren nicht nur ihre männlichen Gegenspieler, sondern geben auch dem Interpreten ein Rätsel auf: Soll er sie bewundern oder verabscheuen, sie als Heldinnen oder als Hexen begreifen? Von der Antwort hängt die Bestimmung von Sinn und Zweck der Trauerspiele ab. Eine einheitliche Deutung konnte sich bis heute nicht durchsetzen.

Der vorliegende Band sammelt die verstreuten Ergebnisse der Forschung und ergänzt sie um einige neue, bes. zur »Cleopatra« und zur Lyrik. Das biographische Material wird unter Rückgriff auf teilweise ungenutzte zeitgenössische Quellen kritisch überprüft und um Angaben zum Freundeskreis und andere Details erweitert.

Nach den Bänden über Gryphius und Hoffmannswaldau ist „das unvergleichliche Kleeblatt" (»Anleitung zur Poesie«, Breslau 1725, S. 81) der drei Schlesier, die um 1700 den deutschen Parnaß repräsentierten, nun auch durch sein jüngstes Mitglied in der ›Sammlung Metzler‹ vertreten.

Inhalt

I. BIOGRAPHIE 1

II. ÜBERLIEFERUNG DER WERKE 19
   1. Bibliographie 19
   2. Maßgebende Ausgaben 20
   3. Handschriften 22
   4. Verlorenes und Umstrittenes 23

III. BESPRECHUNG DER WERKE (in etwa chronologisch) . . 24
   1. »Disputatio juridica de voluntate« 24
   2. Trauerspiele 24
     a) »Ibrahim (Bassa)« 24
     b) »Cleopatra« 27
     c) »Agrippina« 31
     d) »Epicharis« 33
     e) »Sophonisbe« 35
     f) »Ibrahim Sultan« 40
     g) Allgemeines zu Thematik und Form der Trauer-
       spiele 42
   3. Lyrik 51
     a) Allgemeines 51
     b) Daten und Adressaten der »Rosen« und »Hyacin-
       then« 55
     c) Die abweichenden Fassungen zu den »Rosen« und
       »Hyacinthen« 56
     d) Die Fassungen der ersten vier Heroiden . . . 58
   4. Übersetzungen 60
   5. Lobreden 61
   6. »Arminius« 62

IV. NACHWIRKUNG 69

PERSONENREGISTER 75

ADB	Allgemeine deutsche Biographie. Hrsg. durch die Historische Commission bei der Bayrischen Akademie der Wissenschaften. Bd 1–56. 1875–1912
AfdtA	Anzeiger für deutsches Alterthum und deutsche Litteratur
C^1	Erste Fassung der »Cleopatra«
C^2	Zweite Fassung der »Cleopatra«
CM	Conrad Müller
DVjs.	Deutsche Vierteljahrsschrift für Literaturwissenschaft und Geistesgeschichte
Et. Germ.	Etudes Germaniques
Euph.	Euphorion
GRM	Germanisch-Romanische Monatsschrift
HvM	Hans von Müller
Jb(b).	Jahrbuch(bücher)
NDB	Neue deutsche Biographie. Hrsg. von der Historischen Kommission bei der Bayrischen Akademie der Wissenschaften. Bd 1 ff. 1953 ff.
Neophil.	Neophilologus
NS	Neukirchsche Sammlung, s. S. 21 f.
Vjs.	Vierteljahrschrift
Zs.	Zeitschrift

I. Biographie

Die Barockdichter haben sich kaum autobiographisch geäußert, Lohenstein in Versen nur beiläufig im »Denck- und Danck-Altar« zum Tod seiner Mutter und in der Versepistel an Balthasar Friedrich von Logau (»Hyacinthen«, S. 76 ff.). Dort gedenkt er seiner von der Mutter umsorgten Kindheit, hier eines Ausflugs mit Freunden ins Riesengebirge. Die Freundschaft betonen auch die Widmungen der »Blumen« an Friedrich von Roth und Hans Adam von Posadowsky. Unmittelbare Verhandlungserfahrungen spiegeln sich in den Briefen, die er 1775 aus Wien an den Breslauer Senat schrieb.

Grundlage aller späteren Darstellungen ist im übrigen der von seinem Bruder Hans verfaßte kurze »Lebens-Lauff« (=LL). Er bietet unter dem Mantel des Rühmenswerten und allegorisch Bedeutsamen ein knappes Gerüst von Daten, Namen und Fakten, aber keine Anhaltspunkte zum Charakter oder zur geistig-seelischen Entwicklung. In Formulierung und Datierung stellenweise ungenau oder widersprüchlich, gab er überdies zu Mißverständnissen Anlaß. Besonderes Gewicht hat daneben nur das Buch von Conrad Müller (=CM), der mit positivistischer Sorgfalt eine Reihe zeitgenössischer Dokumente auswertet, sich aber leider auf die Jahre bis zum Abschluß der Gymnasialzeit und auf die Wiener Mission von 1775 beschränkt.

Daniel Casper von Lohenstein wurde am 25. Januar 1635 im Schloß zu *Nimptsch* südlich von Breslau geboren und bald darauf getauft. „Die Unruhe jagte ihn schon unter Mütterlichen Hertzen zur Sicherheit auff ein Fürstliches Schloß" (LL). „Die abgebranndte Stadt war Schutt und kalkicht Grausz" (»Denck- und Danck-Altar«, CM, S. 37). Die Stadt brannte also nicht während der Geburt, wie Müller meint (CM, S. 6), sondern vorher. Der Brand dürfte mit dem Einfall der Kroaten zusammenhängen, die 1634 eine Woche lang in Nimptsch hausten (CM, S. 3, nach der Chronik von Heinel). Auf das Fürstentum Brieg, zu dem Nimptsch gehörte, hatte der Dreißigjährige Krieg 1633 übergegriffen (Lucae, S. 1474). Herzog Johann Christian floh damals nach Preußen. Die Geburt von L.s Bruder 1640 im gleichen Schloß (Pfeiffer, S. 80) läßt vermuten, daß die Eltern dort längere Zeit wohnten.

Über L.s *Vater* Johann oder Hans schreibt Sinapius, Bd 2, S. 787: „An. 1633. im Nimptschisch-Briegischen, thät bey den damaligen unseeligen Kriegs-Zeiten dem Vaterlande und *Publicis* grosse Dienste, in dem er mit Gefahr seines Lebens und darsetzung seines Vermögens die Stadt Nimptsch zu unterschiedenen malen von der Plünderung befreyet, und Ihro Kays.Maj. *Cassae-*Einnahmen *conservi*ret, für welche aufrichtige Verdienste er von Ihro Maj. eine Gnaden-Kette, die bey der Familie annoch vorhanden, auch für sich und sein Haus den Geschlechts-Nahmen Lohenstein, von dem Wasser die Loh, welche auf seinem Gute bey Nimptsch durch einen durchlöcherten Stein geflossen, überkommen hat." Ähnlich Pfeiffer, S. 80. Gemeint ist eine Stelle auf dem Wege nach Roschkowitz unweit der Aspermühle, wo ein kleiner, vom Volk „Lustên" getaufter Fels in einer Biegung der Lohe überhängt (CM, S. 3). Das kaiserliche Adelspatent ist auf den 17. Juli 1670 datiert (CM, S. 3). Erst seit dieser Zeit führt die Familie Casper (latinisiert Caspari; der Vater erscheint in den Urkunden als Caspar, der Dichter nennt sich Casper oder Caspari) das Adelsprädikat „von Lohenstein". Deshalb konnten Spätere (z. B. Wolfgang Menzel: Deutsche Dichtung, Bd 2, 1859) Casper und L. für zwei verschiedene Dramatiker halten. Das Wappen der neu Geadelten ist den beiden Porträtstichen des Dichters beigegeben. Christian Gryphius hat es poetisch gedeutet (Abdruck bei Just, S. XXIII), Sinapius, Cur., Bd 2, S. 787, genau beschrieben (danach CM, S. 4 und Just, S. XXIII).

L.s Vater war kaiserlicher Zoll-, Akzise- und Biergefälle-Einnehmer und außerdem Ratsherr in Nimptsch. Der nicht unbedingt zuverlässige Nimptscher Chronist Heinel zitiert mehrfach ein Gedenkbüchlein des Johann Caspar, das bis 1662 reichen soll. Sein Todesjahr ist unbekannt, aber vermutlich hat er seinen Sohn überlebt. Er starb an einem 28. Januar und wurde in Nimptsch beerdigt. Ein Grabgedicht weist ihn als Ratsältesten aus und lobt seine Unbeugsamkeit gegenüber Schicksalsschlägen, seine Frömmigkeit und seine Freigebigkeit. Näheres bei CM, S. 4 f.

Die *Mutter* Susanna, geb. Schädel, deren Name später die Adelsrenovation von Greiffenstein erfuhr (CM, S. 5), ist uns nur aus dem »Denck- und Danck-Altar« ihres Sohnes näher bekannt. Er erwähnt ihr Gottvertrauen und ihre eheliche Liebe und schildert dann ausführlicher, „Wie günstig und wie wol es stets mit mir gemeinet | Das mütterliche Hertz" (CM, S. 36) und wie sie schwere Krankheit geduldig ertrug. Sie starb am 5. Mai 1652 im 41. Lebensjahr.

Daniel war das erste Kind seiner Eltern. Die jüngeren Geschwister hießen Marie und Hans bzw. Johann. Die Schwester wurde nur fünfzehn Jahre alt. Sie starb Ende 1651, also kurz vor der Mutter, an einem Schlaganfall. L. schildert sie in der »Cypreß-Taffel«, seiner ersten gedruckten Veröffentlichung, als ein schönes und gewecktes Kind; vgl. CM, S. 5 u. 27 f.

Der Bruder (1640–1692), den L. durch Reisemittel und günstige Erbverträge unterstützte (CM, S. 6) und zu dessen Hochzeit am 16. Okt. 1668 er die Prosaschrift »Vereinbarung der Sterne und der Gemüther« verfaßte (»Rosen«, S. 116–132), machte sich durch den Lebenslauf des Dichters, Versuche zur Vollendung von dessen »Arminius« und ein Ehrengedicht zu diesem Roman einen Namen, bes. aber durch seine 1718 von Christoph Pfeiffer herausgegebenen Grabreden auf adlige Freunde. Zwei Grabgedichte von „H. C. v. L.", also wohl von ihm oder seinem Sohn Hans Christian, aus den Jahren 1687 und 1690 fanden Aufnahme in eine Anthologie (»Des Schlesischen Helicons auserlesene Gedichte«, 1699, S. 542–545 und 558–561). Über ihn und seine Söhne vgl. Sinapius, Cur., Bd 2, S. 788 f.

Von den Schrecken des Krieges blieb Nimptsch auch nach L.s Geburt nicht verschont. Einmal mußte seine Mutter mit ihm „Um Leib und Lebens frist" fliehen und sich im Gebüsch verstecken (»Denck- und Danck-Altar«, CM, S. 37). In der Logau-Epistel sieht er die chaotische Zeit idyllisch verklärt, weil „meiner Unschuld nichts erschrecklich" und „meine Sicherheit | Mein Unverständnüs war" (»Hyacinthen«, S. 81). Müller (S. 7 f.) möchte mit dem trübenden Einfluß des Krieges L.s Frühreife und die abstoßenden Vorgänge seiner Dramen erklären.

Bei Nimptsch war der Epigrammatiker FRIEDRICH VON LOGAU (1604–1655) zu Hause, „Durch dessen Regung sich mein Geist zu erst gefühlt", wie L. in dem Briefgedicht an den Sohn versichert, „Weil unsre Freindschafft schon von Vätern rühret her" (»Hyacinthen«, S. 78). Eine mächtige Fichte auf Logaus Gut preist er als Bild wahrer Freundschaft. Sie wird auch in den Epicedien zu L.s Tod besungen.

Die Schulzeit verbrachte er im wesentlichen außerhalb seiner Heimatstadt. Bis ins siebte Jahr lernte er in Nimptsch bei dem Rektor TOBIAS JUNG. Dann besuchte er in *Breslau* das Magdalenengymnasium. Die Ausplünderung Jungs durch die Schweden 1642 mag den Ortswechsel veranlaßt haben (CM, S. 9). Vor allem die Mutter drängte anscheinend darauf (»Denck- und Danck-Altar«, CM, S. 37).

Die schon länger bestehende Schule an der lutherischen Magdalenenkirche wurde am 30. April 1643, also kurz nach (nicht
vor, wie man CM, S. 10, mißverstehen könnte) L.s Eintritt in
den Rang eines Gymnasiums erhoben und wie das Elisabethgymnasium der städtischen Schulordnung unterstellt. Rektoren der
Anstalt waren zu L.s Lebzeiten HENRICUS KLOSE (gest. 1651),
der energische VALENTIN KLEINWÄCHTER (1607–1661) und der
zum Dichter gekrönte JOHANNES FECHNER (1604– um 1687);
vgl. Lucae, S. 576, und Cunradus, S. 70 u. 151. Fechner erlebte
der Schüler L. allerdings nur – seit Juni 1651 – als Konrektor
(CM, S. 16). Außer diesen Männern nennt Gebauer (S. V) CHRI-
STOPH SCHOLTZ (CM, S. 10: Scholz) und WOLFGANG STIRIUS
(CM, S. 10: Wolgang [!] Stier) als Lehrer L.s. Sie wurden 1643
angestellt (CM, S. 10). Die Einrichtung des Gymnasiums und die
benachbarte Bibliothek im Obersaal der Magdalenenkirche, die
damals bedeutendste der Stadt, die an Zahl der Bücher „wenig
Bibliotheken in Teutschland dörffte weichen" (S. 638), beschreibt
Lucae, S. 575 und 835 bzw. 632–644. Über den Unterricht informiert ausführlich CM, S. 9–14. Im Mittelpunkt stand die philo-
logisch-rednerische Ausbildung. „Die Primaner hatten wöchent-
lich eine prosaische und eine metrische Arbeit anzufertigen [...]
Als geeignete Aufgaben werden bezeichnet für die Prosa dispo-
nirte Epistolae, Alloquia, Oratiunculae, für die poetische Arbeit
Epicedia, Epithalamia, Genethliaca, Gratulationes et id genus
alia" (CM, S. 11). L.s spätere lyrische Gedichte sind hauptsächlich Epithalamien und Epicedien!

Als Schüler tat sich L. mehrfach hervor: „Schon am 26. April
1646, also im Alter von 11 Jahren, disputirte er mit einigen
Beispielen aus Plinius secundus über die Erfordernisse eines vir
nobilis, im Herbste desselben Jahres über den deutschen Namen
von Labor, am 27. Februar 1647 hielt er einen epilogus graecus
(in einem Certamen de publico Juvenum institutione), am 1.
Januar 1648 zum Lobe Christi einen epilogus eucharisticus, 1650
pries er am 24. Februar den Feldherrn Miltiades, am 25. August
den Elephanten (animalium maximum proximumque humanis
sensibus) als 2. Hauptredner, am 2. November wurde er wegen
einer philosophischen Silbenstecherei prämiirt. [...] Am 10.
April 1648 wurde das Leiden Christi mit lateinischen und deutschen Gegengedichten, nach den Gliedern des menschlichen Kör-
pers geordnet, gefeiert. Sein Partner war Caspar Kretschmer, der
das pectus seinen lateinischen Hymnus erheben liess; Lohenstein
trug eine deutsche Uebersetzung davon vor. Als am 6. März 1651
der Rector Klose bei einer Vorstellung, vom Schlage getroffen,

starb, wurde ihm von den Primanern eine Gedenkschrift ge-
weiht, an der sich jeder derselben mit einem Distichon beteiligte.
Etwas vor der Mitte steht von Daniel Caspari Nimicensis
dieses:

> Curia, templa, lares, scholae lugent funera nostra;
> Vox, pectus luget funera, penna, stylus!" (CM, S. 14 f.)

Mit monatlichen Actus Publici declamatorii, abwechselnd vom
Magdalenen- und Elisabethgymnasium veranstaltet, sowie mit
Theateraufführungen zu Fastnacht traten die Breslauer Schüler
an die Öffentlichkeit (CM, S. 12 f.). Letztere erklären sich wohl
aus der Konkurrenz zu den Jesuiten, die 1638 in Breslau Fuß
gefaßt und ein Jahr später bereits ein Stück inszeniert hatten
(K. Kolitz: »J. C. Hallmanns Dramen«, 1911, S. 7). Als Primaner
schrieb L. für eine Schulaufführung »Ibrahim«, sein erstes
Drama.

Von den Schülern, die in den Magdalenäums-Programmen 1648
bis 1651 genannt sind, hielt C. Müller (S. 14) Chr. Hoffmann,
dessen Namen er kühn um „von Hoffmannswaldau" ergänzte,
sowie Heinrich Mühlpfort und Adam von Posadowsky vor-
schnell für „Jugendfreundschaften" L.s. Hans von Müller (S.
192 f.) übernahm dies, machte aber den fast zwei Jahrzehnte
älteren HOFFMANNSWALDAU lieber zum Gönner. Über den Beginn der Freundschaft mit ihm besitzen wir in Wirklichkeit kei-
nen Anhaltspunkt. Der Dichter HEINRICH MÜHLPFORT (1639
bis 1681) war erst zwölf Jahre alt, als L. das Gymnasium ver-
ließ. Als Schulfreund kommt also nur HANS ADAM VON POSA-
DOWSKY (1636–1708) infrage, dem L. später seine »Himmel-
Schlüssel« widmete. Er besuchte das Magdalenäum acht Jahre
(Sinapius, Cur., Bd 1, S. 724).

Schlesien besaß im 17. Jh. keine Universität. So mußte L. nach
Abschluß der Gymnasialzeit Breslau verlassen. „Sein allda uner-
müdeter 9jähriger Fleiß und herrliches *Ingenium* hat ihn *Anno
1652* und also im 16ten Jahre seines Alters der *Universit*ät
fähig/ Er aber den Anfang seiner *Studiorum Academicorum* zu
Leipzig gemacht/ allwo Er unter andern berühmten *Professoribus*
das Glücke gehabt den Grossen und durch seine Schrifften in der
Welt-bekandten *Carpzov* in *Cathedra* zu hören" (LL). Die wi-
dersprüchliche Angabe des Studienbeginns hat zu Mißverständnissen und – zunächst wiederum falschen – Korrekturen geführt.
Mit Rücksicht darauf, daß L. bis ins siebte Jahr in Nimptsch
und dann neun Jahre in Breslau lebte (LL), datierte Gebauer
(S. V f.) den Besuch des Magdalenäums auf 1641–1650 vor. Die

richtige Zeit des Schulabgangs ermittelte C. Müller (S. 16): Da L. 1651 beim Tod des Rektors Klose noch Primaner war, andererseits aber Anfang 1652 das Gedicht auf den Tod seiner Schwester in *Leipzig* drucken ließ, bleibe nur übrig anzunehmen, er sei zur Michaelismesse 1651 dorthin übergesiedelt. Hans von Müller (S. 193) konnte dies durch Rückgriff auf Erlers Immatrikulationsregister bestätigen. Im Herbst 1651 begann „Daniel Caspari" (Erler) demnach sein juristisches Studium. Mit dem 7. bzw. 16. Jahr meint der „Lebens-Lauff" also nicht das angefangene, sondern das abgeschlossene Lebensjahr. Helwich (S. 85 f.) hatte noch richtig verstanden und übersetzt, L. sei „septennis" nach Breslau und „sedecennis" nach Leipzig gegangen.

Kurz nach Beginn des Studiums verlor L. Schwester und Mutter. Von Maries Tod erfuhr er in Leipzig, nachdem er nachts zuvor schwer geträumt hatte. Hier ließ er auch die »Cypreß-Taffel« drucken, der wir diese Angabe verdanken. Für den von C. Müller (S. 27) behaupteten Weihnachtsaufenthalt 1651 in Nimptsch bieten sich also keine Anhaltspunkte (H. v. Müller, S. 194, Anm. 1). Daß L.s Bruder Hans „im 12. Jahr seines Alters nach Breßlau ins Gymnasium St. Elisabethae gethan worden" ist (Pfeiffer, S. 81), mag mit dem Tod der Mutter zusammenhängen.

BENEDIKT CARPZOV oder CARPZOW (1595–1666), der die deutsche Strafrechtswissenschaft und das Episkopalsystem im evangelischen Kirchenrecht begründete, war einer der bedeutendsten Juristen seiner Zeit; vgl. etwa NDB, Brockhaus, Verhofstadt (S. 31–33). „Stube und Tisch" hatte L. in Leipzig laut Gebauer (S. VI) bei Dr. Born, einem Juristen, der es später bis zum Wirklichen Geheimen Rat brachte (CM, S. 27). 1653 gab L. auf Drängen von Freunden sein Trauerspiel »Ibrahim« in Druck. Seine Landsleute MELCHIOR FRI(E)BE aus Friedland (immatrikuliert 1650), CHRISTIAN VINCENS aus Schweidnitz (Jurist, imm. Herbst 1652) und HE(I)NRICH HAUPT aus Herrnstadt im Kreis Guhrau (Theologe, imm. Herbst 1652) fügten Widmungsgedichte hinzu (vgl. H. v. Müller, S. 194). Christian Vincens und „Herr Haupt" erhielten später von ihm Hochzeitsgedichte. Mit letzterem ist vielleicht Heinrich (von) Haupt identisch, der in den siebziger Jahren im Dienst des Herzogtums Oels als „*Commun*-Rath und *Deputatus Ordinarius* bey denen *Publicis* in Breßlau" amtierte (Sinapius, Olsn., S. 680, und Cur., Bd 2, S. 672). Das Vorwort an den Leser schrieb L. am 1. Mai 1653 in Leipzig. Später, vielleicht noch 1653, wie C. Müller (S. 40) vermutet, hat er die Stadt verlassen.

„Von dar zohe Ihn der unvergleichliche Lauterbach nach Tü-
bingen/ unter welchem er eine gelehrte *Disputationem Inaugura-
lem de Voluntate* mit höchstem Vergnügen der Zuhörer hielt/
das Beywort aber in denen gedruckten *Exemplarien* aus sonder-
bahren Ursachen nicht zusetzen ließ" (LL). WOLFGANG ADAM
LAUTERBACH (1618–1678; vgl. ADB) zog viele Studenten an,
wie die Zahl der bei ihm angefertigten Disputationen erkennen
läßt. „Daniel Caspari" legte die seinige am 6. Juni 1655 vor.
Gemäß den Angaben seines Bruders halten ihn Gebauer (S. VI),
C. Müller (S. 40) und neuerdings wieder Verhofstadt (S. 35,
Anm. 1) für promoviert – C. Müller (S. 3) versteht unter dem
weggelassenen Beiwort allerdings fälschlich den erst später ver-
liehenen Adelsnamen –; Hans von Müller (S. 195) glaubt nicht
an die Doktorwürde, weil der Bruder die Ursache des fehlenden
„inauguralis" nicht angeben könne und weil L. niemals als Dok-
tor bezeichnet wird. Ihm folgt Just (S. XVIII). Noch 1668, frü-
hestens Ende 1667 (nicht 1666, wie CM, S. 27, Anm. 47, will),
fand Hans Casper in Tübingen „seines Herrn Bruders grosses
Lob" (Pfeiffer, S. 89).

C. Müller (S. 40) schreibt, in *Tübingen* habe L. viele Landsleute getroffen, darunter ANDREAS (VON) ASSIG (1618–1676,
Vater des Dichters Hans von Assig) und ADAM CASPAR VON
ARTZAT (1636–1678). Diese unbelegte Behauptung ist fragwür-
dig oder zumindest mißverständlich, da sie den Beginn der
Freundschaft mit diesen Männern in Tübingen nahelegt. Beide
stammten aus Breslau und waren L. später auch beruflich verbunden, der erste als Syndikus, der andere als Ratsherr, „berühmt
durch Gesandtschafften" (Sinapius, Cur., Bd 2, S. 506). Assig,
seit 1646 Advokat, promovierte vor der Übernahme des Syn-
dikats 1657 in Jena, von einem Aufenthalt in Tübingen weiß
H. Wendt in seinem Aufsatz über ihn nichts. Artzat, dem Hoffmannswaldau 1654 eine Studienanleitung widmete (1700 gedruckt; H.s Stiefmutter war eine geborene Artzat von Arnolds-
mühle) und dessen Vater ebenfalls Breslauer Ratsherr war,
dürfte L. schon als Schüler bekannt gewesen sein.

Der Bildungsreise oder Kavalierstour, die sich im 17. Jh. an
das akademische Studium anschloß und die schlesischen Studenten üblicherweise über das wirtschaftlich und kulturell blühende
und als Hort republikanischer und religiöser Freiheit geltende
Holland nach Frankreich und Italien führte, gilt die besondere
Vorliebe der zeitgenössischen Biographen und auch ein Drittel
von L.s »Lebens-Lauff«:

Er konnte „bey seinem geendigten *Studio Juridico* dem sonst hierzu aus gesetzten *Quinquennio* zuvorkommen/ umb seine Augen und Gemüthe desto eher in Beschauung der Welt/ wie bißher in Büchern/ zu weiden [...] Er beschauete dannenhero anfänglich das Römische Reich als den Kern Europens/ die darinnen befindlichen Chur und Fürstlichen Höfe insonderheit *An. 1654* zu Regenspurg die damahls Anwesend hochansehnliche Reichs-Versammlung. Von da wendete Er sich mit Beschauung eines grossen Theils der Schweitz auff dem angenehmen Rheinstrohme vollends in die vereinigten Niederlande/ in welchen Er sich die herrlichen Städte/ am meisten aber die Gelehrten Leute zu Leiden und Utrecht eine Zeitlang auffhalten ließ. An stat aber: Daß Er in der zurück Reise über Hamburg sein geliebtes Vaterland glücklich wieder zu finden vermeinet; Hätte Er bey nahe durch einen auff denen Wassern erlittenen heftigen Sturm/ darinnen 13 Schiffe vor seinen Augen zu Grunde gegangen/ und das eintzige/ worauff Er gewesen/ durch göttliche Schickung errettet worden/ das Ende seiner Reise und zugleich auch seines Lebens finden sollen". Aber er entging der Gefahr und kam „endlich wieder glücklich nach Breßlau. Allwo sich ihm inn- und außländische Beförderungen zeigeten; Die Jugend aber und die Begierde Welschland [=Italien] und Franckreich vollends zu besehen/ (deren Sprachen er nebst der Spanischen [...] fast ohn jemandes Anleitung mit jedermans gröster Verwunderung erlernet) schlugen solche damahls aus/ wendete sich auch hierauff gegen Italien/ die grassirende Pest aber hieß ihn zu Grätz [=Graz] in Stäuermarck wieder nacher Wien kehren/ besahe damahls zugleich ein groß Theil Ungerlandes/ und bezeigete sich im Zurückruffen/ wie vorhin allezeit/ auch dieses mahl seinem Herrn Vater gehohrsamb".

Die Datierung des Studienbeginns und des *Regensburger* Aufenthalts im »Lebens-Lauff« verführte zu der Meinung, L. habe statt des üblichen Quinquenniums nur ein Biennium (1652–54) studiert (Helwich, S. 86). Gebauer (S. VI) fand diese Verkürzung im »Lebens-Lauff« unterbetont und unwahrscheinlich und datierte auch deshalb den Studienanfang vor. Angesichts der Disputation von 1655 stimmt entweder das Datum von Regensburg nicht, oder L. hat vorher dorthin einen Abstecher gemacht (CM, S. 41). Den Reichstag, der seit 1663 ständig in Regensburg tagte, besuchte übrigens 1668 auch sein Bruder (Pfeiffer, S. 90).

Nach C. Müller (S. 42, danach Just, S. XIX) hat L. die beiden Söhne eines Obristen *von* KLEINDIENST zwei Jahre als Hofmeister betreut und mit ihnen die erwähnten *Reisen* unternommen. Verhofstadt (S. 35, Anm. 2) bezweifelt mit polemischem Affront gegen Just unter Berufung auf Müller, S. 42, Anm. 54, die Existenz des Obristen, die Müller dort doch gerade nachweist. Denn dieser versteht seine Ermittlungen als Ergänzung zu dem Adelslexikon von Kneschke, „der weder von dem alten Obrist von

Kleindienst, noch seinen Söhnen, den letzten ihres Geschlechtes, etwas weiss". L.s zwischenzeitige Rückkehr nach Breslau (oder Nimptsch, wo er und die Kleindiensts zu Hause waren?) vermutet C. Müller (S. 68) im Herbst 1655, die Entstehung der »Cleopatra« in der anschließenden Winterpause, die Steiermark-Reise setzt er (S. 41) im Frühjahr 1656 an, alles ohne zwingende Begründung. Hans von Müller (S. 195) mischt die Ergebnisse und Vermutungen von C. Müller zu der falschen Behauptung, nach der angeblichen Winterpause habe L. in den nächsten beiden Jahren (also bis 1658?) mit seinen Zöglingen Steiermark und Ungarn besucht. Gleich danach nennt er den Hochzeitstermin von 1657.

Als der ältere der Kleindienst-Söhne starb, fiel sein Gut an den Bruder Tobias. Dieser vermachte bei seinem Tod 1673 das ganze Besitztum, nämlich die Güter *Reisau* und *Roschkowitz* bei Nimptsch, zum Dank an L. (CM, S. 42). In dieses Jahr dürfte L.s Gedicht an seinen Gutsnachbarn BALTHASAR FRIEDRICH VON LOGAU (1645–1702) gehören, in dem er sich freut, „Dein Brukkott und zugleich mein Roschkowitz zugrüssen/ | Allwo auf's neue wir den Gräntzstein legen müssen" (»Hyacinthen«, S. 77), und in dem er sich an einen Ausflug zur Elbe- und Boberquelle im Riesengebirge „für sechzehn Jahrn" (1657?) mit Freunden erinnert, die „zum Theil schon in der Grufft erkalten" und deren „milde Hand" ihn damals mit vielen Speisen versorgt habe (»Hyacinthen«, S. 82 f.).

Während seiner Studien- und Reisezeit scheint L. zum Dichten kaum Zeit gefunden zu haben. Wenn wir von den vagen Mutmaßungen über eine frühe Konzeption der »Cleopatra« von 1661 absehen, klafft zwischen dem Gedicht zum Tod der Mutter und der Wiederaufnahme der Gelegenheitsdichtung zur Hochzeit seines Leipziger Studienfreundes CHRISTIAN VINCENS (vgl. S. 22) mit einer Breslauerin am 8. Mai 1657 fast auf den Tag genau eine Lücke von fünf Jahren. Wenn C. Müllers Angabe von der zweijährigen Dauer der Hofmeistertätigkeit stimmt, dürfte dieses Hochzeitsdatum in etwa das Ende von L.s Reisezeit markieren.

„Darauff Er denn kurtz die durch *Studien* und Reisen angezielte Früchte seiner endlichen Vergnügung durch glückliche Verheirathung an Titul die itzt verwittibte *Frau Eliesabeth von Lohenstein geb. Heermannin/* Frau auff Kittlau/ Reise/ und Roschwitz ein erndtete/ welche ihm *Anno 1657* den *16. Octobr.* Durch priesterliche Hand in Breßlau übergeben ward. Der Höchste seegnete diese mit Ihm angefangene vollkommene Ehe durch glückliche Geburth dreyer Theils nach Wunsch und Vergnügen ausgesetzter Adelichen Frauen und Jungfrau Töchter nebst einem Hoffnungs vollem Sohne" (LL).

L. heiratete wie später sein Bruder am Hedwigstag, und zwar gleichzeitig mit Dr. CHRISTIAN BU(C)KISCH (1627–1665), der als Leibarzt Herzog Christians bekannt wurde (Lucae, S. 625; Cunradus, S. 31). Ihm schrieb er ein Hochzeitsgedicht. Gebauer (S. VIII) und andere haben den »Lebens-Lauff« so verstanden, als ob L.s Frau die genannten Güter mit in die Ehe gebracht hätte. Dieses „Mährchen" konnte C. Müller (S. 42) berichtigen: Kittelau erwarb er erst 1673 von der Herzogin Luise von Brieg mit einer restierenden Schuld von 5000 Reichstalern, Reisau und Roschkowitz erbte er im gleichen Jahr (s. o.) von Tobias von Kleindienst. Da L.s Frau nach seinem Tod eine Gehaltsquittung als „Elisabeth Herrmann" unterschrieb, erledigen sich die anderen Schreibweisen Hermann und Heermann (CM, S. 41, Anm. 51). Gebauer (S. VIII) spricht unter Anspielung auf den »Arminius« von L.s „Herrmannin".

Seine Kinder hießen Helena, Euphrosine, Elisabeth und Daniel (CM, S. 61). Alle Töchter heirateten preußische Adlige, zwei dem »Lebens-Lauff« zufolge (mehrere Frauen, eine Jungfrau!) vor seinem Tod. Helenas Mann wurde TIMOTHEUS VON SCHMETTAU, die beiden anderen Schwiegersöhne hießen HANS MAGNUS VON GOLDFUSS und HEINRICH VON GLOGER (Sinapius, Curios., Bd 2, S. 788). Die Familie Goldfuß erbte L.s Güter Kittelau und Reisau (Sinapius, Cur., Bd 2, S. 647 u. 788). Noch C. Müller (S. 42) bedankt sich 1882 bei dem damaligen Besitzern von Kittelau, Frau von Goldfuß, für Auskünfte. H. M. von Goldfuß unternahm 1676 mit L.s Bruder eine Italienreise (Pfeiffer, S. 92–95). Vielleicht hat der Bruder, der mehrmals Freunde in Berlin besuchte (Pfeiffer, S. 96), die Verbindung zu den Preußen angebahnt. Auf Zettritz im Brandenburgischen, dem Gut Glogers, starb 1708 L.s Witwe (CM, S. 41, Anm. 51). Frau von Gloger, vielleicht die jüngste Tochter des Dichters, wird als einziges seiner Kinder von Sinapius 1728 als noch lebend bezeichnet. Sein Sohn Daniel, der den »Arminius« dem preußischen Kurfürst Friedrich III. widmete, wurde kurbrandenburgischer Amtshauptmann der Kommende Lago in der Mark. Mit dem Tod von dessen einzigem Sohn um 1717 (Sinapius, Cur., Bd 2, S. 788) starb die von dem Dichter ausgehende Linie derer von L. aus. Die Nachkommen seines Bruders erhielten den Namen bis 1805 (CM, S. 63).

Etwa zur Zeit seiner Heirat dürfte L. sich in *Breslau* als Rechtsanwalt niedergelassen haben. Nach der devoten Schrift des von ihm unterstützten Studenten ANTON KRETSCHMER zu urteilen (Auszug bei CM, S. 42), erwarb er sich nach seiner Zulassung durch den Senat mit Zuverlässigkeit, Fleiß, liebenswürdigem und beredtem Auftreten und umfassenden Rechtskenntnissen bald hohes Ansehen.

In dem Jahrzehnt seiner Anwaltstätigkeit verfaßte er die afrikanischen und römischen Trauerspiele, die seinen dichterischen Ruhm begründeten, außerdem eine Reihe von Hochzeits- und Grabgedichten, zumeist für Breslauer Juristen. So kondolierte er zum Tod von Assigs erster Frau 1658 und von Artzats Vater 1665. Auch als 1664 in Glogau ANDREAS GRYPHIUS starb, schrieb er ein Grabgedicht.

Als sein Bruder 1668 seine Studien- und Reisezeit mit der Rückkehr nach Breslau beendete, empfing er ihn als Regierungsrat des Fürstentums Oels. Er „both alsobald dem Jüngern freye Wohnung, Kost, und den Gebrauch seiner herrlichen *Bibliothek* an, so Er denn nicht abschlagen konnte noch wollte" (Pfeiffer, S. 91). Herzogin ELISABETH MARIE VON OELS, die letzte ihres Geschlechts, hatte mit SYLVIUS NIMROD VON WÜRTTEMBERG eine neue Linie begründet und regierte nach dem Tod ihres Mannes 1664–1672 für ihre noch unmündigen Söhne. L. nahm die Tätigkeit für und wohl auch in *Oels* erst 1668 auf (Sinapius, Olsn., S. 679, und Cur., Bd 2, S. 787; vgl. Cunradus, S. 193: „per 2. an."), nicht 1666, wie Gebauer (S. VIII) unter falscher Berufung auf die erste Sinapius-Stelle angibt (daher rühren die Zweifel bei CM, S. 44, Anm. 6). Zu dem Amt verhalf ihm wohl FRIEDRICH VON ROTH (1628–1695), der, 1664 Landessyndikus von Glogau (wohl als Nachfolger von Gryphius) und seit 1665 für Oels tätig, 1667 (Sinapius, Olsn., S. 646, und Cur., Bd 1, S 774 f.) oder 1668 (Sinapius, Olsn., S. 679) dort als Kanzler das oberste Regierungsamt nach der Herzogin übernommen hatte. Ihm widmete L. 1680 seine »Rosen« und »Hyacinthen«, zu seiner Hochzeit dichtete er wohl den »Sieges-Krantz/ der auf dem Schau-Platze der Liebe streitenden Röthe« (»Rosen«, S. 55 bis 62), nach dessen Schlußvers „starcke Liebes-Krafft im Rothen müsse stecken".

Im »Lebens-Lauff« sind L.s Rechtsanwaltsjahre, die für seine Versdichtung produktivste Zeit, nicht eigens erwähnt. Über seine beruflichen Leistungen heißt es:

„Also schlugen auch seine dem Vaterlande und vielen Menschen gewiedmete Dienste jederzeit nach Wunsch aus/ der HochFürstl. Würtenbergl. Oelsnische Regierungs-Saal ist Zeuge/ was er Fruchtbarliches vor dero HochFürstliches Hauß und dero gantzes Fürstenthumb in währendem seinem alldar geführten *Charactere* gethan. Seine *Meriten* verursachten unter Hohen gleichsam ein Vorrecht an ihm zu suchen/ biß er sich endlich der Stadt Breßlau als der Landes-Mutter/ wie einem treuen Landes-Kinde zustehet/ am meisten verbunden zu sein befand. Seine dieser Königl. Stadt geleisteten *Syndicat*-Dienste braucht keiner Erzehlung/ das allgemeine Anliegen ihn aber wohl/ wie vorhin etlichemahl andere wichtige *Affairen*/ nacher Wien an dem Käyserl. Hof zu schicken. [...] Weßwegen ihm denn der Allergnädigsten Käyserlichen Ernennung zu dero Rath unter andern auch der Nahme seiner fürtrefflichsten *Quali*täten zum Bewegnüß-Grunde angeführet worden."

Die Stadt Breslau wurde von einem Magistrat regiert, über dessen Zusammensetzung Lucae (S. 843–868) informiert. Für 1667 nennt er 15 Ratsherren, daneben einen Obersyndikus, Assig als Syndikus, vier Beisitzer der Zünfte und zwei rechtsgelehrte Sekretäre. Von den auf Lebenszeit gewählten Ratsherren wurde jeweils der dienstälteste Präses, der nächste hieß Ratsältester. So wurde HOFFMANNSWALDAU 1671 Ratsältester, 1677 Präses. Als 1670 der Obersyndikus ausschied, rückte ANDREAS ASSIG auf und wurde bei dieser Gelegenheit geadelt. L., mit dem man bereits Ende 1669 über eine zwölfjährige Anstellung und die Höhe des Gehalts einig geworden war, wurde Johanni 1670 zum Syndikus gewählt (CM, S. 44). Die Adelung seiner Familie wenige Wochen später dürfte eher ihm als seinem Vater gegolten haben. Die Stelle eines Geheimsekretärs bei Herzog CHRISTIAN VON WOHLAU, der seit 1664 auch in Brieg und Liegnitz regierte, hatte L. zu dessen Ärger ausgeschlagen. Nach C. Müller (S. 44) erbat und erhielt Christian dafür Friedrich von Roth. Allerdings wurde dieser sein Kanzler (Sinapius, Olsn., S. 646, und Cur., Bd 1, S. 775), und zwar wohl schon 1669, als er in Oels einen Nachfolger fand (Sinapius, Olsn., S. 647 f.).

Als Assig im Januar 1675 sein Amt wegen Krankheit aufgab – er starb ein Jahr später –, wurde L. Obersyndikus (Wendt, S. 138), GOTTFRIED VON WOLF(FS)BURG (1625–1686), der 1669 Roths Nachfolge in Oels angetreten hatte, neuer Syndikus (Sinapius, Olsn., S. 646–651, und Cur., Bd 2, S. 1121; Wendt, S. 138: „Gottfried Wolff"). Diesem „Freund" kondolierte L. zum Tod seiner Frau Martha in einem Frühling (»Hyacinthen«, S. 37). Er ist wohl auch „Her Wolff", sein „grosser Freund", dem er unter Anspielung auf den Frühlingsschmerz zur neuen Hochzeit gratuliert (»Rosen«, S. 73).

Besondere Verdienste erwarb sich L. bei seiner Wienreise vom 25. Februar bis 25. April 1675, in deren Verlauf er den Kaiserhof ohne größere Zugeständnisse von der Loyalität seiner Stadt überzeugen, den Verdacht, sie werde bei dem befürchteten Einfall der Schweden mit diesen paktieren, ausräumen und die drohende Belegung mit einer Garnison kaiserlicher Soldaten abwenden konnte; vgl. die Untersuchung der Reise und ihrer Hintergründe mit der Auswertung von L.s Wiener Briefen bei C. Müller (S. 45–61) oder auch Justs Zusammenfassung (S. XXV f.). Die Ernennung zum kaiserlichen Rat erfolgte im gleichen Jahr (CM, S. 61).

Die ersten Jahre von L.s politischer Tätigkeit (1668–1671) zeichnen sich – nach der Studien- und Reisephase – als seine zweite literarische Schaffenspause ab. Für diese Zeit läßt sich nur die Prosa-Gratulation zur Hochzeit des Bruders 1668 nachweisen (»Rosen«, S. 116–132). Danach wandte er sich, abgesehen von seinem letzten Trauerspiel »Ibrahim Sultan« und von der Überarbeitung und Sammlung früherer Dichtungen, mehr der Prosa zu. Hierher gehören die Gracián-Übersetzung, die Gedächtnisreden auf den letzten Piastenherzog und auf Hoffmannswaldau und besonders der »Arminius«.

Als anerkannter Dichter, geadelter Obersyndikus und Gutsbesitzer stand L. in den siebziger Jahren auf der Höhe seines Lebens. Auf diese Zeit erscheint das von HELWICH (S. 97) gezeichnete Charakterbild zugeschnitten, das in der fragmentarischen Übersetzung von Gebauer (S.X) C. Müller (S.62, Anm.44) und ansatzweise Just (S. XXI) übernommen haben:

„Is cum tempus posceret, splendidus erat et liberalis, patiens et laboriosus, in summas reipublicae curas diem, in studia atque amicorum officia noctes insumens, temporibus simulando et dissimulando callidissime inseruiens. Idem simul ac se remiserat, et vt Plinius in Laurentio, Cicero in Tusculano suo, sic in villa sua Kittellau dicta rusticabatur, et inter nemorosos colles amicorum consortium laxabat animum, hospitalis, iucundus, affabilis, amicosque comparare aptus erat; quos inter clarissimos temporis sui viros numerauit."

Diese Charakteristik beruht nicht auf unmittelbarer Erfahrung, sondern auf der Kompilation von Quellen. Der Kittelau-Idylle liegt L.s lateinische Widmung seiner »Rosen« und »Hyacinthen« an Friedrich von Roth zugrunde, die Helwich (S. 99) und Gebauer (S. X) denn auch ausführlich zitieren. Die Unterscheidung von Tag und Nacht erinnert an den »Lebens-Lauff«, demzufolge er tagsüber dem Rathaus diente, „auch öfters mit Nachsetzung seiner Gesundheit", die Nächte aber „mehr mit Sorgen als Schlaffen" zubrachte.

Im Anschluß an seine Charakterskizze stellt Helwich von L.s Freunden BALTHASAR FRIEDRICH VON LOGAU, HANS ASSMANN

VON ABSCHATZ (1646–1699) und FRIEDRICH VON ROTH genauer vor. Diese Männer und der in die Widmung an Roth einbezogene HANS ADAM VON POSADOWSKY, die ihm vor allem auch in den letzten Jahren nahestanden, waren nicht nur mit ihm, sondern wenigstens teilweise auch miteinander verbunden.

Roth, mit dem L. laut C. Müller (S. 44, Anm. 8) besonders in Wien tagtäglich verkehrte, erhielt seinen Wohnsitz Rützen im Wohlauischen nach Sinapius (Cur., Bd 2, S. 931) von Kaiser Leopold zum Geschenk. Nach Lucae (S. 1176) verschenkte Leopold an Posadowsky einen Teil von Rützen, den dieser nachher verkaufte (an Roth?). – Zu Posadowsky, dem früheren Mitschüler L.s und politisch rührigsten seiner Freunde, vgl. Sinapius (Cur., Bd 1, S. 724 f.) und Vereinzeltes bei Lucae (S. 1447, 1513, 1533). Er stand seit 1660 im Dienst Christians von Wohlau, wurde 1670 als dessen Stellvertreter Landeshauptmann des Herzogtums Brieg, blieb dies auch, als Kaiser Leopold den Piastenbesitz erbte, und wurde 1705 in den Freiherrnstand erhoben. Der Mutter des letzten Piasten stand er als Vormund zur Seite, seinem Vater Christian und ihm hielt er die Grabrede (letztere druckt J. C. Lünig: »Grosser Herren, vornehmer Ministren, und andrer berühmten Männer gehaltene Reden«, Bd 4, 1731, S. 661–679). – Freiherr von Logau, „ein hochgelehrter Herr und aller Liebhaber der Gelehrsamkeit unvergleichlicher *Patron* und Wohlthäter", auf den Christian Gryphius eine Lobschrift verfaßte, „hatte sich einen köstlichen Bücher-Schatz, welcher hernach der Sachsen-Weymarischen *Bibliothec* einverleibt worden, gesammlet und mit vielen gelehrten Leuten Brief-Wechsel gepflogen" (Sinapius, Cur., Bd 1, S. 611, vgl. auch Bd 2, S. 371). Er war in zweiter Ehe mit Posadowskys Schwester Helena verheiratet und beruflich als Abgeordneter von dessen Herzogtum Brieg bei den Breslauer Fürstentagen tätig. – Der als Dichter bekannte Freiherr von Abschatz hatte mit Logau das Gymnasium in Liegnitz besucht, war im Frühjahr 1667 wie L.s Bruder von Holland über Belgien nach Paris gereist (Pfeiffer, S. 83–88; Wegener, S. 13) und wurde 1679 als Landesbestellter des Herzogtums Liegnitz zu den Fürstentagen in Breslau entsandt. In dem Brief an L.s Witwe, mit dem er sein Ehrengedicht zum »Arminius« übersandte, erinnert er sich an die „durch viel Jahre gepflogene Freundschaft" mit L. und gedenkt „unserer biß an den letzten Nachmittag seines Lebens fortgesetzten Vertraulichkeit". „Daß er in seinen Poetischen Wercken gewisser meiner Ubersetzungs-Arbeit/ welcher ich damahls noch meinen Nahmen nicht offentlich gegeben/ vortheilhafftig gedencken/ und mich durch solches Urtheil zu mehrer Verbreitung dieser/ und Unternehmung anderer locken wollen", vermerkt Abschatz besonders dankbar. L. hatte ihn und Hoffmannswaldau, die beiden Übersetzer von Guarinis »Pastor fido«, in der Anmerkung zu Vers II 511 seiner »Sophonisbe« als „zwey grosse Landes-Leute/ derer verträulichen Freindschaft ich mich so sehr als Schlesien sich ihrer hohen Gaben und Verdienst zu rühmen habe", ohne ausdrückliche Nennung ihrer Namen gelobt.

Förmlicher erscheint das Verhältnis zu Baron OTTO VON NOSTITZ (1608–1665), dem L. die »Epicharis« zuschrieb, und zu dem Baron und späteren Reichsgrafen FRANZ VON NESSELRODE (1635–1707), dem er die »Sophonisbe« widmete und dessen Epigramm die Epicedien zu L.s Tod eröffnet. Über ihn vgl. Sinapius, Cur., Bd 2, S. 385 f.

Angesichts der Beziehungen zu maßgebenden Politikern Schlesiens, bes. zu Roth und Posadowsky, verlieren auch L.s Adressen an das Piastenhaus den Charakter devoter Liebedienerei. Sie sind eher klug kalkulierte politische Gesten. Den Brüdern GEORG III. (1611–1664, ab 1639 Herzog von Brieg), LUDWIG (1616–1663, ab 1653 Herzog von Liegnitz) und CHRISTIAN (1618–1672, ab 1653 Herzog von Wohlau, ab 1664 auch von Liegnitz und Brieg) widmete L. 1653 seinen »Ibrahim«, ihren Räten ANDREAS LANGE VON LANGENAU (1580–1657, Brieg, vgl. Sinapius, Cur., Bd 2, S. 766, und Lucae, S. 618), FRIEDRICH VON LOGAU (1604–1655, Liegnitz), GABRIEL VON HUND (gest. 1664, Wohlau, vgl. Sinapius, Cur., Bd 1, S. 485), CHRISTIAN SCHOLTZ (wohl Christian von Scholtz, geb. 1617 in Brieg, Herr auf Klein-Ellgut, dem späteren Gut von L.s Bruder; vgl. Cunradus, S. 271, und Sinapius, Bd 2, S. 976) sowie dem Breslauer Syndikus und Chronisten NICOLAUS HENEL VON HENNEFELD (1582–1656; vgl. C. G. Jöcher, »Allg. Gelehrten-Lexicon«, Bd 3, 1750, S. 1488 f.) 1655 seine juristische Disputation. Daß Herzog Christian ihn zu seinem Geheimsekretär machen wollte, wurde schon gesagt. Zum Regierungsantritt seines Sohnes GEORG WILHELM (1660–75) übersetzte er 1672 Graciáns Fürstenspiegel »El Politico Fernando«, bei ihm dinierte er 1675 in Wien (CM, S. 54). Seiner Mutter LUISE (gest. 1680; vgl. Lucae, S. 1411) widmete er 1665 die »Agrippina« und 1676 die Lobschrift auf Georg Wilhelm. Für sie entwarf er, wenn der sonst zuverlässige Brieger Chronist Schönwälder recht hat, den Grundriß der Piastengruft in der Liegnitzer Johanniskirche (CM, S. 54), die MATTHIAS RAUCHMÜLLER (1646–1686) 1677–1678 bildhauerisch gestaltete, vielleicht auch die zugehörigen Texte (vgl. Braun-Troppau, Jg. 10, S. 119). Er könnte auch die Verbindung zu dem vorher in Wien tätigen Bildhauer hergestellt haben, zumindest arbeitete er nachher mit ihm zusammen. In Breslau errichtete Rauchmüller 1679 (Datierung nach Nickel) kunstvolle Grabmäler für den Patriziersohn Octavio Pestaluzzi und für L.s Freund Artzat. Letzteres sowie eine prächtige Elfenbeinkanne Rauchmüllers von 1676 hat L. besungen (»Hyacinthen«, S. 51 bis 54, bzw. »Rosen«, S. 133–138). Außerdem entwarf der Bildhauer die Stiche für L.s Sammelausgabe von 1680. C. Müllers

(S. 54, Anm. 54, danach Just, S. XXVII) Unterscheidung zwischen dem Mausoleumserbauer Peter Rauchmüller und dem Elfenbeinschnitzer Matthias Rauchmüller beruht offensichtlich auf einem Irrtum. Alles in allem sieht C. Müller (ebda) in L. „eine Art Hofpoet" des Piastenhauses.

Aber auch dem Kaiserhaus erwies L. seine Reverenz. Den jungen Leopold I. (1640–1705, ab 1658 Kaiser), unter dem Österreich seine größte Ausdehnung erreichen sollte, vergleicht er im Schlußreyen der »Cleopatra« von 1661, die im übrigen dem Breslauer Magistrat gewidmet ist, mit Augustus. »Sophonisbe« dichtete er im Zusammenhang mit Leopolds bevorstehender erster Hochzeit von 1666, »Ibrahim Sultan« und einen »Zuruff Der frolockenden Oder« (»Rosen«, S. 8–12) zu seiner zweiten 1673, zur dritten Ende 1676 reisten L.s Bruder und Schwiegersohn (Pfeiffer, S. 92–95), wohl in seinem Auftrag. In der Zweitfassung der »Cleopatra« von 1680 ist die Gestalt des Augustus – vielleicht Leopold zuliebe – deutlich aufgewertet. Zur Geburt des Prinzen Leopold (2. 6. 1682), der schon 1684 starb, gratulierte L. mit einem Gedicht (in der Sammlung von 1685). Der cheruskische Romanheld Arminius bedeutet allegorisch Kaiser Leopold und wird am Ende König von Böhmen.

Ob L. mit dem erstarkenden Preußen mehr als nur familiäre Bande verknüpften, erscheint zweifelhaft. Sein Sohn Daniel (nicht er selbst, wie etwa Verhofstadt, S. 65 ff., meint; mit der kaum weniger falschen Annahme einer posthumen Umadressierung arbeitet E. M. Szarota: »L.s Arminius als Zeitroman«, 1970, S. 79 ff.) widmete zwar den »Arminius« Friedrich III. und gab vor, der Romanheld habe seine Waffen dessen Vater, dem Großen Kurfürsten, zu Füßen legen wollen. Daß diese Erklärung des preußischen Hauptmanns aber der Absicht seines Vaters entsprechen und dessen politischen Instinkt verraten soll (Just, S. XXVIII), verträgt sich kaum mit der Leopold-Allegorie. Es wäre L.s erste Widmung an einen für ihn nicht zuständigen Fürsten und hätte wohl einen politisch unklugen Affront des Breslauer Syndikus gegen den böhmisch-österreichischen Oberherrn bedeutet.

Den Abschluß des »Arminius«, den er laut »Vorbericht an den Leser« teilweise auf dem Gichtbett geschrieben haben soll, mußte L. fremden Händen überlassen. Er starb an dem Tag, an dem das Bündnis Kaiser Leopolds und des Polenkönigs Johann Sobieski gegen die heranrückenden Türken unterzeichnet wurde (Datum nach J. B. Mencke: »Leben und Thaten ... Leopold I.«,

1706), „plötzlich den *28. Aprilis* umb 12. Uhr zu Mittage deß 1683zigsten Jahres durch einen unvermuteten Schlag-Fluß" (LL). Ein Mißverständnis der lateinischen Datierung (Helwich, S. 89f.: „IV. Calend. Maji inclinato in postmeridianum tempus die") mag die Vorverlegung um einen Tag bewirkt haben, gegen die sich Sinapius (Cur., Bd 2, S. 787: „nicht 27. sondern 28. April") verwahrt. Dies wiederum hat C. Müller (S. 62) mißverstanden, der L. in der Nacht vom 27. zum 28. April sterben läßt. Ihm folgt Hans von Müller (S. 202). Da L.s beide Geschwister und etliche Nachkommen ebenfalls am Schlaganfall starben, spricht C. Müller (S. 27) von einer erblichen Disposition. Nur bedeutet ‚Schlagfluß' Gehirnschlag, nicht Herzschlag, wie er meint. NESSELRODE, ELIAS THOMAE, CHRISTIAN GRYPHIUS, GEORGE KAMPER, CH. KNORR (VON ROSENROTH) und andere schrieben Lohenstein Epicedien, die der Sammelausgabe von 1685 beigebunden sind und seine Redlichkeit, Freundestreue, besonders aber seine Klugheit und überragende Gelehrsamkeit loben. In einem anonymen Beitrag heißt es, nach dem „Artzt der Stadt" (= Artzat, nicht L., wie Just, S. XXVI, annimmt) und Hoffmannswaldau habe Breslau in kurzer Zeit nunmehr den dritten großen Verlust zu beklagen. Der Bruder nennt L. im »Lebens-Lauff« einen vollkommenen Juristen, Redner und Staatsmann und einen guten Christen. Laut Epicedien wurde er am 5. Mai bei der lutherischen Kirche S. Maria Magdalena begraben.

Seine berühmte *Bibliothek,* deren Bestand durch das von Just zusammengestellte Register von rund 300 in den Dramen-Anmerkungen genannten Autoren teilweise erfaßt sein dürfte (L.: »Röm. Trauersp.«, 1955, S. 297 ff.; Einschränkungen bei Asmuth: »L. u. Tacitus«, 1971, S. 11 f.), wurde 1684 verkauft und auseinandergerissen, ebenso seine Münzsammlung mit Bildern berühmter Männer und Frauen, nach denen er Kupferstiche zu seinen Dramen hatte fertigen lassen (Lucae, S. 656; Helwich, S. 91 f.). Nach Kundmann kaufte die Münzen zunächst ein Herr VON REHDIGER für die stattliche Summe von 4000 Reichstalern, danach sollen sie in jüdische Hände gelangt sein. Als Obersyndikus hatte L. mit einem Gehalt von 800 Reichstalern begonnen (CM, S. 61).

Literatur

H. C. v. LOHENSTEIN: Lebens-Lauff Deß sel. Autoris. In: D. C. v. L.: Ibrahim Sultan . . . Und andere Poetische Gedichte. 1685.

J. FELLGIEBEL: Vorrede. In: D. C. v. L.: Ibrahim Bassa. 1689 (=Türk. Trauerspiele, 1953, S. 82 f.).

H. A. v. Abschatz: Brief an L.s Witwe vom 30. 8. 1688. In: W. E. Tentzel (Hrsg.): Monatliche Unterredungen einiger guten Freunde von allerhand Büchern 1, 1689, S. 531–533.

F. Lucae: Schlesiens curieuse Denckwürdigkeiten. 1689.

Vorbericht an den Leser. In: D. C. v. L.: Großmüthiger Feldherr Arminius. Bd 1. 1689.

[C. Helwich]: De vita et scriptis Danielis Caspari a L. In: Observationes selectae ad rem litterariam spectantes (Halle) 6, 1702, S. 84 bis 100.

J. H. Cunradus: Silesia togata. 1706.

J. Sinapius: Olsnographia. Bd 1. 1707.

Ders.: Schlesische Curiositäten. Bd 1, 1720, und Bd 2, 1728.

J. C. Männling: Lohensteinius sententiosus. 1710 (Vorrede).

C. Pfeiffer: Das Leben Des Seel. Herrn Autoris. In: J. C. von Lohensteins Edler Personen Eröffnete Grüffte. 1718, S. 79–103.

J. C. Kundmann: Promtuarium rerum naturalium et artificialium Vratislaviense. 1726, S. 1 f.

G. C. Gebauer: Vorrede der neuen Auflage. In: D. C. v. L.: Großmüthiger Feld-Herr Arminius. 1731, S. I–LVI.

C. Müller: Beiträge zum Leben und Dichten Daniel Caspers von L. 1882.

H. Wendt: Der Breslauer Syndikus Dr. Andreas Assig (1618–1676) und seine Quellensammlungen. In: Zs. des Vereins für Geschichte und Alterthum Schlesiens 36, 1901, S. 135–158.

G. Erler: Die iüngere Matrikel der Universität Leipzig 1559–1809. Bd 2. 1909, S. 60.

C. H. Wegener: Hans Assmann von Abschatz. 1910.

H. v. Müller (wie S. 19) 1924.

W. Nickel: Die Breslauer Steinepitaphien aus Renaissance und Barock. 1926, S. 35.

E. W. Braun-Troppau: Matthias Rauchmüller (1645–1686). In: Oberrheinische Kunst 9, 1941, S. 78–109, und 10, 1942, S. 119–150.

G. Münch: Kaspar von L. und Matthias Rauchmiller. In: Jb. der Schles. Friedrich-Wilhelms-Univ. zu Breslau 11, 1966, S. 51–62.

Vgl. auch die Biographien von E. Schmidt (in: ADB, Bd 19, 1884, S. 120–124), H. Cysarz (in: Schles. Lebensbilder, Bd 3, 1928, S. 126 bis 131), K. G. Just (in: L.: Türk. Trauerspiele, 1953, S. XI–XXX) und E. Verhofstadt (D. C. v. L., 1964, S. 15–79).

Bildnisse (nach CM, S. 62):

1. Brustbild von *Sandrart* (vor dem Lebenslauf in der Sammelausgabe 1685 und öfter).
2. Kniestück aus dem 49. Lebensjahr von *J. Tscherning* (in: »Arminius«, Bd 1, 1689), nach einem Ölbild im Ahnensaal von Kittelau gefertigt.
3. In bezug auf das von H. Kurz (Geschichte der dt. Lit., Bd 2, 1856) aufgenommene Bild zweifelt C. Müller, ob es eine Verschönerung von Nr 1 oder 2 oder die Nachbildung eines ihm unbekannten dritten Porträts sei.

II. Überlieferung der Werke

1. Bibliographie

Zu L. gibt es eine vorbildliche Bibliographie, die für das Fehlen einer kritischen Gesamtausgabe in etwa entschädigt:

H. von Müller: Bibliographie der Schriften D. C.s von L., 1652–1748. In: Werden und Wirken, Festgruß für K. W. Hiersemann. 1924, S. 184–261 (=HvM).

Müllers Liste (S. 212 f.) von Abdrucken in Werken anderer oder in Sammelwerken ist um folgende Titel zu ergänzen:

1. Arae et Arrhae Pietatis et Memoriae Viro Clarissimo Dn. M. Henrico Closio Gymn. Magdal. Rectori etc. ... a discipulis collugentibus Primi Ordinis in Magdalenaeo Gymnasio nunc Insessoribus. Breslau (1651) (1 lat. Distichon L.s; vgl. S. 5).
2. SIGNACULUM DEI, ... Bey des Wol-Edlen/ Groß-Achtbaren und Hochgelahrten Hn. ANDREAE GRYPHII ... Beerdigung Der ... Trauer-Versammlung d. 27. Jul. ... bey der Grufft in der Evangel. Lutherischen Kirchen vor Groß-Glogau In einer Station gezeiget und auff Begehren den Hochleidtragenden übergeben von Caspar Knorren/ Diac. daselbst. [1664], S. 67–76 (=»Hyacinthen«, S. 23 bis 32, dort mit einigen geringfügigen Änderungen).
3. Lebens-Geschichte Der Weyland Durchleuchtigst. Churfürsten in der Pfaltz/ Friederich des V. Carl Ludwigs/ und Carl ... Köln 1693. Darin S. 133–158: Liebes-Intriguen Zwischen Chur-Fürst Carl Ludwig in der Pfaltz/ und Maria Loysa von Degenfeld/ etc. Von Herrn Hofmanswaldau In gebundener Rede geschrieben (4 Heroiden L.s, vgl. S. 58).
4. W. A. LAUTERBACH, Dissertationum academicorum volumen III. Tübingen 1728, S. 1035–1067 (Disputatio de voluntate, vgl. S. 24).
5. J. C. LÜNIG: Grosser Herren, vornehmer Ministren, und andrer berühmten Männer gehaltene Reden. Bd 4. 1731, S. 820–839 (Grabrede auf Hoffmannswaldau; voraus geht eine 1646 von Hoffmannswaldau gehaltene Grabrede).

Vgl. auch die Epigramm-Anthologien von J. G. MEISTER (1698) und F. A. HALLBAUER (1732) mit Beiträgen aus dem »Arminius« sowie die Gedichtanthologien von F. MATTHISSON (Bd 1, 1803) und W. MÜLLER/ K. FÖRSTER (Bd 14, 1822). Ein Drama L.s druckten in ihren Sammlungen nach TIECK (1817, »Ibrahim Bassa«) und BOBERTAG (1885, »Cleopatra«) auch FLEMMING (1930, ²1965, »Sophonisbe«) und SCHÖNE (1963, ²1968, »Agrippina«).

An selbständigen Veröffentlichungen erschienen seit 1748:

D. C. v. L.: Türkische Trauerspiele. Ibrahim Bassa, Ibrahim Sultan. Hrsg. v. K. G. Just. 1953.

D. C. v. L.: Römische Trauerspiele. Agrippina, Epicharis. Hrsg. v. K. G. Just. 1955.

D. C. v. L.: Afrikanische Trauerspiele. Cleopatra, Sophonisbe. Hrsg. v. K. G. Just. 1957.

D. C. v. L.: Gedichte. Ausgew. u. hrsg. v. G. Henniger. 1961.

D. C. v. L.: Cleopatra. Text der Erstfassung von 1661. Hrsg. v. I.-M. Barth. 1965.

D. C. v. L.: Cleopatra, Sophonisbe. Hrsg. v. W. Voßkamp. 1968.

2. Maßgebende Ausgaben

Für die Trauerspiele ist die von JUST besorgte kritische Ausgabe heranzuziehen, die der L.-Forschung neue Impulse gab. Rezensionen hierzu verzeichnen EPPELSHEIMER/KÖTTELWESCH (Bibliographie der dt. Lit.wiss.), Bd 2, 1958, S. 122, und Bd 3, 1960, S. 84. Im übrigen sind wir auf folgende zeitgenössische Drucke angewiesen, die hier wegen der ausführlichen Beschreibung Hans von Müllers nur in Kurzform genannt werden:

D. Caspari: Disputatio juridica de voluntate. Tübingen 1655. (vgl. HvM, S. 226 f.)

D. C. v. L.: Lorentz Gratians Staatskluger *Catholischer Ferdinand/* aus dem Spanischen übersetzet. Breslau 1675 und 1676, als Privatdruck schon 1672. (vgl. HvM, S. 234–236.)

D. C. v. L.: Lob-Schrifft/ Deß Weyland Durchlauchtigen Fürsten und Herrn/ Herrn *George Wilhelms/* Hertzogens in Schlesien/ zu Liegnitz/ Brieg und Wohlau/ Christ-mildesten Andenckens. [Privatdruck 1676]. – Mit etwas anderem Titel: Breslau 1679. (vgl. HvM, S. 236 f.)

D. C. v. L.: Lob-Rede Bey Des ... Herrn Christians von Hofmannswaldau ... Den 30. April. Anno 1679. in Breßlau Hoch-Adelich gehaltenem *Leichbegängnüße.* Breslau [1679]. – In der Regel am Schluß der Sammlung: C. H. V. H., Deutsche Ubersetzungen und Getichte, Breslau 1679. (vgl. HvM, S. 238 f.)

D. C. v. L.: Großmüthiger Feldherr Arminius oder Herrmann Als Ein tapfferer Beschirmer der deutschen Freyheit/ Nebst seiner Durchlauchtigen Thusnelda In einer sinnreichen Staats- Liebes- und Helden-Geschichte Dem Vaterlande zu Liebe Dem deutschen Adel aber zu Ehren und rühmlichen Nachfolge In Zwey Theilen vorgestellet/ Und mit annehmlichen Kupffern gezieret. Leipzig 1689, Bd 2: 1690. (vgl. HvM, S. 250–253. Dieser Erstdruck ist der Auflage von 1731 vorzuziehen, in der Gebauer eine bessere Übersicht mit Eingriffen in den Text erkauft.)

Verwickelter als bei der Prosa ist die Textlage bei der Lyrik. Die meisten Gedichte enthält:

D.C.v.L.: [Sammlung ohne Haupttitel, aber mit gemeinsamen Schluß-
bemerkungen, von HvM A¹ genannt]. Breslau (1680). – Die Sammlung enthält den Erstdruck der »Sophonisbe« und den Erstdruck der
»Cleopatra«-Zweitfassung, danach unter dem Obertitel »Blumen«
folgende, jeweils für sich paginierte Teile: »Rosen«, »Hyacinthen«,
»Himmel-Schlüssel oder Geistliche Gedichte«. Es folgen: »Geistliche
Gedancken über Das LIII. Capitel des Propheten Esaias« und, in der
Paginierung anschließend, »Thränen«. Vgl. HvM, S. 229–234. Neuauflagen der Sammlung: 1689 und 1708.

Einen Nachlaß von Gedichten bietet die von Müller B¹ genannte
Sammlung:

D. C. v. L.: Ibrahim Sultan Schauspiel/ Agrippina Traurspiel/ Epicharis
Traurspiel/ Und andere Poetische Gedichte/ so noch mit Bewilligung
des S. Autoris [zum Druck verfertigt,] Nebenst desselben Lebens-
Lauff und Epicediis. Breslau (1685). Der Lyrikteil enthält das
Titelgedicht »Erleuchtete Hoffmann« und neun andere. – Vgl. HvM,
S. 240–244; Neuauflagen: 1701 und 1723/24.

Von den in die »Rosen« und »Hyacinthen« von 1680 aufgenom-
menen Gedichten waren etliche vorher als Sonderdrucke erschienen;
vgl. hierzu HvM, S. 222–226. Folgende Drucke nahm L. nicht in die
Sammlung A¹ auf:

D. Caspari: Cypreß-Taffel ... Klag-Gedichte/ über dem Seiner Funff-
zehn Jährigen Viel-Hertzgeliebten Jungfraw Schwester *Marien Caspari*/ Kurtz vor dem geendeten 1651. Jahre Früh-zeitigen/ doch
mehr denn seeligen Hintritte ... Leipzig [1652]. – Vgl. HvM,
S. 221 f.

D. Kasper: Denck- vnd Danck-Altar ... Klag- vnd Lob-Getichte über
dem ... Absterben Der ... Frauen *Susannen Kasparin* geborner
Schädelin/ seiner hoch-geehrten vnd viel-hertz-geliebten Fraw Mut-
ter/ als selbige den fünfften Mayens-Tag dieses 1652. Jahres in jhrem
ein vnd viertzigsten Alters-Jahre in Gott sanfft und selig entschla-
fen. Breslau [1652]. – Vgl. HvM, S. 222. Abdruck bei CM, S. 28–38.
Nur zwei Teilgedichte wurden in die »Hyacinthen« auf S. 64–66
übernommen.

Nicht aufgenommen wurde auch der Beitrag:

D. Caspari: IHr schnödes Volk der Lasterhaften Welt ... In: Lob-
Klag- und Trost-Gedancken Uber das ... Ableiben Des ... Jung-
fräuleins *Juliana Eleonora*/ Des Woledlen und Gestrengen Herrn
Joh. Eusebius *von Mäiers* ... einigen Töchterleins/ So den 16den
Tag Heumonats ... seines kurtzen Lebens 6. Jahr/ 3. Wochen/ und
4. Tage todes verblichen ... Breslau 1659. – Vgl. HvM, S. 223 f.
Das gleiche gilt für das Distichon zum Tod des Rektors Klose. Vgl.
S. 5. Sonst nicht gedruckte Gedichte L.s oder Varianten dazu enthält
die folgende Anthologie, die nach dem Herausgeber der beiden ersten
Bände, Benjamin Neukirch, „Neukirchsche Sammlung" genannt wird:

Herrn von Hoffmannswaldau und andrer Deutschen auserlesener und bißher ungedruckter Gedichte erster [bis siebter] theil/ nebenst einer vorrede von der deutschen Poesie. 1695–1727. – Eine Neuausgabe von *de Capua/Philippson/Metzger* (bisher Bde 1–3, 1961 ff.) ist im Erscheinen begriffen. L. ist in den Bänden 1 (1695), 3 (1703), 4 (1708) und 6 (1709) vertreten; vgl. das Verzeichnis von A. HÜBSCHER (Euph. 24, 1922, S. 19). Zu Bd 2 (1697) vgl. S. 23.

3. Handschriften

An Handschriften zu gedruckten Werken wurden bekannt (bei nicht mehr auffindbaren Hss. ist der frühere Standort angegeben):

19 Folioseiten von L.s Hand zum »Ibrahim Sultan« (früher Stadtbibliothek Breslau, Signatur Rehdig. 3156; vgl. Just in L., »Türk. Trauersp.«, S. 91, Anm. 2). Sie enthalten „das Brouillon zum Titel, zur Dedicatio, zu den Adnotationes zu I, 503, IV, 29, V, 311, IV, 45, zu dem Chore des ersten und fünften Actes und zu III. v. 282 und die Reinschrift zum ersten und fünften Chore" (CM, S. 71, Anm. 16).

Ehren-Gedichte auf das Edlen WolEhrenfesten und Wolgelehrten Herrn *Christian Vincens* mit der WolEdlen Viel Ehr und Tugendreichen Jungfrauen *Catharinen* ... (Tochter des Breslauer Hauptmanns G. v. Täbisch) den 8. Maji dieses 1657sten Jahres begängliche Hochzeits-Fest (UB Wrocław: Hs 3156). Frühere Fassung des Gedichts »Reine Liebe« (»Rosen«, S. 104–111); vgl. CM, S. 68 f., Anm. 11 n.

M 216 (Sächs. Landesbibl. Dresden): enthält Gedichte der NS, darunter einige von L. Textabweichungen registriert die Neuausgabe der NS; vgl. auch Hübscher, Euph. 24, 1922, S. 3 u. 19.

Ms. germ. fol. 768 (Staatsbibliothek Berlin, zur Zeit UB Tübingen): enthält Gedichte der NS, darunter einige von L. (andere als in M 216). Textabweichungen registriert die Neuausgabe der NS.

Bisher nicht bekannt ist:

Carl Ludwigs Churfürstens zu Heidelberg, Pfaltzgrafen am Reihn, u. a. m. Mit Maria Susanna Degenfeldin gepflogene Liebeshandlung beschrieben In Vier Briefen ... Von Daniel Caspari Von Lohenstein. Angebunden an das Buch D 571 der Lippischen Landesbibliothek Detmold, das die Sammlung von 1680 sowie den »Ibrahim Sultan« und die Lobschrift auf Georg Wilhelm von 1679 enthält (Beschriftung des Buchrückens: »Lohensteins Poemata Dichtungen Sammelband 1679–80«).

Nur handschriftlich sind überliefert:

1 Brief an Chr. Hoffmann v. Hoffmannswaldau, 4. 10. 1669 (UB Wrocław: Hs 3156).

Noten und Schriftstücke der separierten Stände ab 23.6.1671. In: Liber Magnus des Breslauer Magistrats, VI, S. 344 ff. (nach Auskunft des Staatsarchivs Wrocław, ul. Pomorska 2, im dortigen »Liber Magnus« nicht vorhanden). – Vgl. CM, S. 48 f.

Alle Schreiben L.s aus Wien an den Rat der Stadt Breslau, Frühjahr 1675 (früher Breslauer Ratsarchiv). – Vgl. CM, S. 45.

1 Brief an Dr. Beckmann, 15.12.1677 (UB Wrocław: Autogr L–M).

4. Verlorenes und Umstrittenes

Als verloren meldet JOHANN CHRISTOPH MÄNNLING (»Lohensteinius sententiosus«, 1710, Vorrede):

Gelehrte Anmerkungen zu dem Gedicht »Venus« (NS I, S. 238 ff.) „da so viel als Worte/ so viel Annotata, und so viel als Syllaben Realia von Ihm waren auffgesetzet".

Aus dem Spanischen übersetzte Gedichte.

Eine angefangene Komödie von Ariobarzanes und Arsinoe. (Sie spielen in Buch I 3 des »Arminius« eine Rolle.)

Außerdem erwähnt er:

Ungedruckte Noten und Kommentare zum Corpus Juris. (Sie dürfen inzwischen auch als verloren gelten.)

Ohne sicheren Nachweis wurden L. zugeschrieben:

Der Riß zur Piastengruft in Liegnitz von dem sonst zuverlässigen Brieger Chronisten SCHÖNWÄLDER (T. III. 259; vgl. CM, S. 54).

Die Inschriften der Piastengruft von E. W. BRAUN-TROPPAU (in: Oberrhein. Kunst 10, 1942, S. 119–121 und 126)

Ein Chronogramm über dem Hauptportal in Ohlau, „das wohl nur Lohenstein gelingen konnte", von G. MÜNCH (in: Archiv für schles. Kirchengeschichte 11, 1953, S. 149).

Das anonyme Gedicht »Die vortrefflichkeit der küsse« (NS I 288) von der Handschrift Ms. germ. fol. 768 und von HÜBSCHER (Euph. 24, 1922, S. 19); vgl. die Neuausgabe der NS, Bd 1, S. 347. Dies wäre L.s einziger daktylischer Beitrag zur Lyrik.

Die Gedichte »Auff schöne Augen«, »Auff einen schönen halß« (NS II 23–25) und 32 Epigramme des „** v. L." (NS II 109–117) sowie dazwischen ein unsigniertes vermutungsweise von DE CAPUA/PHILIPPSON (Neuausgabe der NS, Bd 2, 1965, S. XXXVIII f.); vgl. schon HÜBSCHER, S. 270. Nach Ton und Stil passen sie nicht zu L. (vielleicht zu B. F. v. Logau?).

»Des Lauschenden Sendschreiben an einen vornehmen ICtum in Breslau« (Schmalkalden, Ende des 17. Jhs) von den ›Unschuldigen Nachrichten von Alten und Neuen Theologischen Sachen‹, S. 801; vgl. Gebauer (in: L.: »Arminius«, 1731), S. XVIII.

Die Besorgung von Hoffmannswaldaus Sammlung »Deutsche Ubersetzungen und Getichte« (1679) von J. ETTLINGER (»Hofmanswaldau«, 1891, S. 22).

III. Besprechung der Werke (in etwa chronologisch)

1. »Disputatio juridica de voluntate« (Erstdruck 1655)

L. legte die juristische Disputation am 6. Juni 1655 in Tübingen vor; vgl. S. 7. „Ausgehend von philosophischen Definitionen des Willens, zieht sie daraus in 20 Thesen die rechtlichen Consequenzen" (CM, S. 40). Zu den Widmungsadressaten vgl. S. 15. Den Neudruck von 1728 hat Verhofstadt (D. C. v. L. Untergehende Wertwelt und ästhetischer Illusionismus, 1964, S. 34) nachgewiesen.

2. Trauerspiele

a) »Ibrahim (Bassa)« (Erstdruck 1653)

Der Erstdruck trägt den Titel »Ibrahim«. Die Auflage ist zum Teil ohne Widmung, zum Teil den schlesischen Herzogsbrüdern gewidmet (vgl. S. 15), zum Teil den Freiherren CARL HENRICH und PRIMISLAUS VON ZIROTIN zugeschrieben. Vgl. die bibliographische Einleitung in der Ausgabe von Just. Zu den Widmungsgedichten der Studienfreunde vgl. S. 6.

Der posthume Zweitdruck von 1689 hat zur Unterscheidung von »Ibrahim Sultan« den erweiterten Titel. ‚Bassa' bedeutet Pascha.

In der Vorrede hierzu schreibt der Verleger FELLGI(E)BEL: „GEgenwertiger *Ibrahim Bassa* ist vorlängst vergessen und verloren/ auch unter des seelig-verstorbenen Herren von Lohensteins Schrifften kein Buchstaben davon zu finden gewesen; ausser daß etliche gutte Freunde/ welche demselben in ihrer Jugend allhier in Breßlau auf dem Schau-Platze öffentlich vorstellen helffen/ sich dessen erinnert/ und nicht allein offtermahls nach ihme gefraget; sondern auch endlich einen Abdruck von ihme zuwege gebracht/ und solchen drucken zu lassen inständig gebethen." Fellgi(e)bel ersucht den Leser auch, „dafern ihm dessen Ausarbeitung oder Redens-Arth denen andern Lohensteinischen Trauer-Getichten nicht gleich zu seyn bedüncken möchte/ hiervon kein übeles Urtheil zu fällen [...] Sintemahl es eine Frucht ist/ welche dem Seelig-Verstorbenen im funfzehenden Jahre seines Alters auß seiner Lehr-begierigen Feder gewachsen" (Türk. Trauersp., S. 82).

Demnach muß das Stück vor dem 25. Januar 1650, bei anderem Verständnis (Helwich, S. 90: „quindecennis"; vgl. S. 6) im

J. B. Metzlersche
Verlagsbuchhandlung
Stuttgart

Literatur-
wissenschaft
Philosophie
Soziologie
Pädagogik

Neuerscheinungen
Frühjahr 1971

1682

Friedrich Sengle
Biedermeierzeit

Deutsche Literatur im Spannungsfeld zwischen Restauration und Revolution 1815–1848. Drei Bände

Band I: **Allgemeine Voraussetzungen. Richtungen. Darstellungsmittel.** Ca. XX, 640 Seiten. Leinen ca. DM 59,—

In seiner Epochendarstellung unternimmt F. Sengle als erster den Versuch, das Zeitalter der Metternichschen Restauration in sich selbst literarhistorisch zu begreifen. Seine „Biedermeierzeit" stellt ein persönliches Werk dar, an dem er nahezu 20 Jahre gearbeitet hat.

H. A. Glaser, P. Hahn, H. Hartwig, O. Hansen, Th. H. W. Metscher, G. K. Pallowski, M. Pehlke, B. J. Warneken
Literaturwissenschaft und Sozialwissenschaften

Grundlagen und Modellanalysen. Ca. 400 Seiten. Broschiert ca. DM 23,—

Der Band vermittelt die unabdingbaren Grundlagen für eine literatursoziologische Betrachtungsweise, die nicht in der Abstraktion positivistischer Theoreme endet, sondern künstlerische Produktion und gesamtgesellschaftlich gültigen Arbeitsbegriff als wesensverwandt erkennt.

Friedrich W. Schmidt
Zum Begriff der Negativität bei Schelling und Hegel

XIV, 140 Seiten. Br. ca. DM 18,—

Ausgehend von Schellings Begriff der absoluten Subjektivität versucht Schmidt zu zeigen, daß Schellings anspruchsvollerer Versuch, den Idealismus nicht nur als Einheit von theoretischer und praktischer Philosophie, sondern zugleich naturphilosophisch zu begründen, nicht zufällig auf einen materialistischen Ansatz führt.

Dieter Bänsch
Else Lasker-Schüler

Zur Kritik eines etablierten Bildes. Ca. 224 Seiten. Br. ca. DM 20,—

Bänsch beschreibt den Zusammenhang des Lasker-Schülerschen Werkes als brüchigen und widerlegt die Meinung, daß es ein unvergleichliches Zeugnis organischer Totalität darstelle. Das Buch wirft neues Licht auf die frühen Berliner Jahre und bringt unbekannte Materialien zur Familiengeschichte.

Florian Vaßen
Georg Weerth

Ein politischer Dichter des Vormärz und der Revolution von 1848/49. Ca. 224 Seiten. Br. ca. DM 20,—

Vaßen ordnet im ersten Teil Weerth ökonomisch, politisch und literarisch ein. Dann folgt die Erörterung allgemeiner Probleme politischer Dichtung und die detaillierte Analyse von Weerths Werk.

Hans-Joachim Heiner
Das Ganzheitsdenken Friedrich Schlegels

Wissenssoziologische Deutung einer Denkform. VI, 132 Seiten. Br. ca. DM 18,—

In einem an Mannheim orientierten wissenssoziologischen Ansatz versucht Heiner, die Denkweise Schlegels in die gesellschaftlichen Zusammenhänge der Restaurationszeit einzuordnen und sie aus den sozialen Bedingungen des Schriftstellers der damaligen Zeit zu erklären.

darauffolgenden Jahr entstanden sein. C. Müller (S. 16) geht von der ersten Möglichkeit aus und vermutet, es sei bei der Karnevalskonkurrenz 1650 preisgekrönt und von den Schülern des Magdalenengymnasiums aufgeführt worden. In dem von Fellgi(e)bel entschuldigten Frühwerk sah das 19. und frühe 20. Jh. (z. B. L. TIECK: »Deutsches Theater«, Bd 2, 1817, S. XIX) das einzige annehmbare Drama des Dichters. Erst LUNDING wagte wieder, es als nicht vollwertig zu bezeichnen.

L. behandelt eine Episode aus der Regierungszeit Solimans II. (1520–1566), des mächtigsten aller Sultane, der durch die Beseitigung seines Sohnes Mustapha schon vorher zum Gegenstand von Dichtungen geworden war. (Vgl. den Artikel ‚Mustapha‘ bei E. Frenzel: »Stoffe der Weltliteratur«, 1962.) Der Inhalt wird im Erstdruck kurz skizziert: „Ibrahim ein Wälscher Fürst/ welchen Soliman wegen tapferer Thaten aus einem Leibeigenen zum grossen Visihre gemacht/ wird aus der Flucht nach Genua/ durch welche Er seine Libste zu retten dachte/ in die sich in währendem Aussen-Sein des Ibrahims in Persen Soliman verliebet/ nach Constantinopel gefangen bracht/ und auf Ohrenbläserisch Anstiften der Keiserin und des Rusthans/ jämmerlich erwürget." (Türk. Trauersp., S. 14) Das meiste davon ist Vorgeschichte. Das Stück beginnt erst mit der gewaltsamen Rückführung Ibrahims und seiner Frau Isabelle nach Konstantinopel. Der verliebte Sultan ist in die Rolle des charakterschwachen Tyrannen gedrängt, der zwischen den treuen Gatten einerseits und Rusthan und seiner eigenen Frau andererseits hin und her schwankt, bis letztere durch Einschaltung des spitzfindigen Mufti auch zahlenmäßig das Übergewicht erlangen. Besonders spektakulär erscheint der dritte Akt, in dem Soliman die Vollstreckung des Todesurteils an Ibrahim, der schon die Schlinge um den Hals trägt, im letzten Augenblick verhindert und ihn wieder als Freund umarmt, um ihn später dann doch fallen zu lassen. Der dreimalige Wechsel seiner Gesinnung ist wenig überzeugend nur mit der „Zwitracht unsrer Seel" (II 57) begründet. Den Stoff und auch den Konflikt des Sultans zwischen Begierde und Vernunft übernahm L. ohne große Veränderungen aus dem Roman »Ibrahim ou l'Illustre Bassa« von MADELEINE DE SCUDÉRY in der Übersetzung von PHILIPP VON ZESEN (1645), und zwar aus dem Schlußbuch des letzten Teiles (IV 5). Nur zog er die historische Ermordung Ibrahims dem glücklichen Romanende vor, wie er in seiner Vorrede an den Leser bemerkt. Einen Vergleich von Drama und Roman bietet ansatzweise nur C. MÜLLER (S. 19–23).

Im übrigen nahm L., wie er in der Vorrede bekennt, „einen

fürtrefflichen Lands-Mann zu einem Weg-Weiser [...] dässen unterschidene Trauer-Spile Mir nicht alleine unter die Hände sondern auch auf den Schau-Platz kommen" und den er auffordert, seine Werke der Welt nicht länger zu mißgönnen. Gemeint ist ANDREAS GRYPHIUS, der seine Trauerspiele erst 1657 zum Druck freigab. Nur »Leo Armenius« war 1650 gegen seinen Willen erschienen. Das Handlungsgefüge des »Ibrahim« erinnert am ehesten an »Catharina von Georgien«. C. MÜLLER (S. 23 f.) empfand die beiden Dramen auch dramaturgisch (Prolog, Reyen) und stilistisch (anaphorische Wendungen) als verwandt (vgl. Just, 1953, S. XXXI). Die neuere Forschung betont mehr die Unterschiede, mit denen sich der spätere L. ankündigt, besonders die weltlichere Auffassung des Tyrannenopfers Ibrahim, den man kaum noch als Märtyrer bezeichnen kann (SCHAUFELBERGER, SZAROTA). LUNDING sah den Grund dafür in der Romanvorlage, die rachedurstigen Schlußworte der Isabelle sind aber jedenfalls L.s Zutat. Sie nehmen schon den widerspenstigen Sinn der Epicharis und Ambre (»Ibrahim Sultan«) vorweg.

AUGUST ADOLF VON HAUGWITZ (1645–1706) schrieb nach der gleichen Romanvorlage sein Mischspiel »Soliman« (1684) mit glücklichem Schluß. Laut LICHTENSTEIN beginnt er seine Rezeption schon in Teil IV 3, folgt Zesen streckenweise wörtlich und zeigt keine Anklänge an L. JUKER findet L.s Handlung gedrängter, aber den Schlußhöhepunkt von Haugwitz besser.

Literatur

C. MÜLLER: Beiträge zum Leben und Dichten D. C.s v. L. 1882, S. 17 bis 26.

F. LICHTENSTEIN: Rezension zu C. Müller, Beiträge ... In: AfdtA 9, 1883, S. 290–295.

W. JUKER: Die Theorie der Tragödie in den dt. Poetiken und ihre Durchführung in den bedeutendsten Trauerspielen des 17. Jhs. 1924 [Masch.], S. 124–128.

B. KÂMIL:Die Türken in der dt. Lit. bis zum Barock und die Sultansgestalten in den Türkendramen L.s. 1935.

E. LUNDING: Das schlesische Kunstdrama. Kopenhagen 1940, S. 94–97.

F. SCHAUFELBERGER: Das Tragische in L.s Trauerspielen. 1945, S. 71 bis 81.

K. G. JUST: L. und die türkische Welt. In: D. C. v. L.: Türk. Trauerspiele. 1953, S. XXXVII–XLVII.

DERS.: Die Trauerspiele L.s. 1961, S. 99–102.

A. LUBOS: Das schlesische Barocktheater. Daniel Caspar von L. In: Jb. der Schles. Friedr.-Wilhelms-Univ. zu Breslau 5, 1960, S. 99–109.

G. E. P. GILLESPIE: D. C. v. L.'s historical tragedies. Ohio State Univ. Press 1965, S. 29–38.

E. M. SZAROTA: Künstler, Grübler und Rebellen. 1967, S. 306–313.

F. VAN INGEN: Philipp von Zesen. (Slg Metzler. 96.) 1970, S. 34–44. (zu Scudéry).

G. SPELLERBERG: Verhängnis und Geschichte. Untersuchungen zu den Trauerspielen und dem »Arminius«-Roman D. C.s v. L. 1970, S. 186 bis 197.

b) »*Cleopatra*« (Erstdruck 1661, Druck der Zweitfassung 1680)

In der Widmung an den Breslauer Senat nennt L. dieses Drama devot ein Kind von wenig Erfindungsgeist, das die Mutter mit kaum drei Monaten zu früh geboren habe („exilis ingeni partvm qvem vix trimestrem mater edidit praecox"). KERCK-HOFFS (S. 15 f.) schloß vermutlich richtig, das Stück sei in drei Monaten geschrieben, hielt aber nicht das Dreimonatskind, sondern unsinnigerweise die Mutter für unreif, ähnlich wie schon GEBAUER (L.: »Arminius«, 1731, S. XIII), der aufgrund dieser Stelle »Cleopatra« in L.s Schulzeit entstanden glaubte. Kerckhoffs brachte die Fehlübersetzung mit der Beobachtung vieler Seefahrtsbilder zusammen und nahm die Entstehung im Jahre 1655 an, „wo die Holländer und die schreckliche Seereise noch frisch vor seinen Augen standen". Trotz SCHERERs Einwand, es werde nur der gewöhnliche nautische Apparat in Bewegung gesetzt – überdies geht es um die Ereignisse nach einer Seeschlacht und in einer Hafenstadt –, hat sich diese Meinung bis heute behauptet, und zwar in der Fassung von C. MÜLLER (S. 66–68), dem die Winterpause 1655/56 für die Dreimonatsfrist passender erschien. In Wirklichkeit ist keines der für eine frühe Entstehung bisher vorgetragenen Argumente stichhaltig. VERHOFSTADT wies darauf hin, daß zumindest die Anspielung auf Cromwells Exhumierung und posthume Enthauptung am 26. 1. 1661 in der Anm. zu C¹ IV 535 bzw. C² IV 655 erst im Jahr der Drucklegung geschrieben wurde. Die Schüler des Breslauer Elisabethgymnasiums führten, wie aus den Aufzeichnungen ihres Rektors ELIAS MAIOR hervorgeht (vgl. dazu HIPPE), das Stück am Abend des 28. 2. 1661 im Hause Keltsch am Ring auf. Tags darauf gaben sie »Cardenio und Celinde« von Gryphius. Am 2. und 3. 3. wiederholten sie beide Dramen für den Herzog von Brieg und sein Gefolge.

Nach der verlorenen Seeschlacht von Actium im Zusammenhang der Machtkämpfe um Caesars Erbe zogen sich die ägyptische Königin Cleopatra (69–30 v. Chr.) und ihr Mann, der Römer Marcus Antonius

(82–30 v. Chr.), nach Alexandrien zurück. Von Augustus belagert, stürzte er sich, als er Cleopatra tot glaubte, ins Schwert. Kurz danach tötete sie sich durch den Biß einer Giftschlange. Diese von PLUTARCH in seiner Antonius-Biographie (bes. Kap. 76–86), daneben auch von CASSIUS DION (Buch 51) bzw. dessen Exzerptor XIPHILINOS berichteten Ereignisse bilden einen der beliebtesten Stoffe der Weltliteratur. G. H. MÖLLER verzeichnet für die Zeit von 1540 bis 1905 127 Bühnenstücke über Cleopatra, darunter 77 Dramen, 45 Opern und 5 Ballette. 28 dieser Stücke, sämtlich Tragödien, entfallen auf die Zeit vor 1661. Vgl. auch den Artikel »Kleopatra« bei E. FRENZEL (»Stoffe der Weltlit.«, 1962). Durch den zwölfbändigen Roman von LA CALPRENÈDE (1647 bis 1658) über Cleopatras gleichnamige Tochter, den L. anscheinend kannte (vgl. Asmuth, S. 181), war der Stoff besonders aktuell. L. ging von einem lateinischen Plutarch-Text aus und zog auch Xiphilinos heran. Erst für die zweite Fassung benutzte er Plutarch im griechischen Urtext und Cassius Dion.

C² ist gegenüber C¹ beträchtlich erweitert, besonders im ersten und letzten Akt. Außerdem sind die älteren Passagen stilistisch überarbeitet. C. MÜLLERS Vergleich (S. 64–107) kann nicht als erschöpfend gelten, da er vornehmlich die unwichtigeren sprachlichen Veränderungen kommentiert, die maßgebenden Gründe der Erweiterung hingegen nicht genau genug bestimmt und abstuft. Vereinzelte Bemerkungen bieten KERCKHOFFS (S. 23 f.) und VERHOFSTADT (Unterg. Wertwelt, S. 283–295); vgl. auch AS-MUTH, S. 8–11, 56 und 145 f. Eine quantitative Synopse der Veränderungen findet sich in JUSTS Ausgabe (S. 8 f.). Vgl. dazu auch JUST, »Die Trauerspiele L.s«, S. 62, Anm. 68. Die Erweiterungen ergeben sich hauptsächlich durch die Ausgestaltung von Nebenumständen. Gemeint sind 1. das Auftreten der in C¹ nur genannten Personen Caesarion, Antyllus, Theodor und Thyrsus (in C¹ und zusätzlich auch in C²: Thyraeus), durch das sich die meisten neuen Szenen erklären, 2. die breitere Exposition mit stärkerer Ausschöpfung der historischen Quellen (Plutarch, Dion), die auch den Auftritt des Sertorius bedingt, 3. die Verstärkung der exotisch-kultischen Elemente, bes. des Isis-Kults, unter Heranziehung gelehrter zeitgenössischer Werke (KIRCHER, BOCHART, SELDEN), die in den Anmerkungen zu C¹ noch nicht genannt waren.

In der Verteilung des Stoffes auf die fünf Akte und in manchen Einzelheiten richtete L. sich, was bisher nicht bekannt war, schon 1661 nach der Tragödie »La Cleopatre« (1636) von ISAAC DE BENSERADE (1613–1691), der auch als Verfasser der Pariser Hofballette von 1651–1669 einen Namen hat. Die anderen Dramatisierungen kommen als Vorlage kaum in Betracht, wohl auch

nicht das von SKRINE genannte Stück des Flamen NIEUWE-
LANDT; vgl. dazu ASMUTH, Einleitung, Anm. 2.

L.s Cleopatra ist nicht nur erotisch attraktiv wie Ibrahims
Frau Isabelle, sie verkörpert erstmals den Typus der zugleich
politisch aktiven Frau, der für L.s weitere Trauerspiele bestim-
mend bleibt. Das zeigt gerade der Vergleich mit Benserade.

Laut Plutarch (Kap. 73) bot Augustus nach der Schlacht von Actium
durch seinen Boten Thyrsos der Cleopatra sein Wohlwollen an, falls
sie Antonius töte oder fortjage. Daran knüpft Benserade an, wenn er
nach der auch sein Stück eröffnenden Kriegsratszene Cleopatra den
Verdacht des Antonius entkräften läßt, sie erstrebe eine Liaison mit
Augustus. Ihre Rechtfertigung klingt glaubwürdig, denn nach dem
Tode ihres Mannes – er tötet sich wie bei L. im dritten Akt – lehnt sie
einen entsprechenden Rat ihrer Frauen ab, obwohl sogar der Sterbende
ihr Augustus als Gatten empfohlen hat. Ihr Anteil am Tod ihres Mannes kommt bei Benserade kaum zur Sprache. Nach Plutarch (Kap. 76)
machte Antonius sie für den Abfall von Flotte und Reiterei verantwortlich, worauf sie sich aus Angst vor seinem Zorn in ihrem Mau-
soleum einschloß und ihm sagen ließ, sie sei tot. Bei Benserade läßt sie
ihm ohne erkennbare Täuschungsabsicht nur mitteilen, der Tod sei ihre
letzte Rettung. Als Antonius daraufhin Hand an sich gelegt hat und
im Sterben liegt, wird ihr Tod ohne Begründung dementiert. Das Ergebnis einer Notlüge erscheint also zum Mißverständnis verharmlost.
Auch gegenüber Augustus hält sich Benserades Titelheldin sehr zurück.
Bei seinem Besuch am Ende des vierten Aktes, in dessen Verlauf sie ihm
wie bei L. (allerdings auch bei Cassius Dion) Bild und Liebesbriefe
Caesars zeigt, bringt sie weniger ihre Schönheit als ihren Schmerz um
Antonius zur Geltung. Als Augustus ihr dann seine Hand antragen
läßt, erklärt sie sich nur scheinbar bereit, ihm nach Rom zu folgen und
dort auch am Triumphzug teilzunehmen. In Wirklichkeit enthält der
Brief, den sie dem Boten mitgibt, die Bitte, zusammen mit Antonius
begraben zu werden. Wenig später tötet sie sich durch den Biß der
Schlange in ihren Arm. Alles in allem erscheint sie bei Benserade vornehmlich als treue Gattin und nur unfreiwilliger Gegenstand allgemeiner männlicher Leidenschaft. Mit Plutarchs Hinweisen auf ihre
gefährliche Verführungskunst wußte der Franzose nichts Rechtes anzu-
fangen.

L. dagegen macht sie zur Zentralfigur politischer Intrigen und läßt
sie ihre körperlichen Reize als Mittel zum Zweck rücksichtslos einsetzen. Dem gegen Antonius gerichteten Angebot des Augustus an
Cleopatra stellt er in freier Erfindung eine entsprechende Offerte an
Antonius zur Seite, falls dieser Cleopatra aufgebe. Daraufhin inszeniert sie, die im Nebenzimmer gelauscht hat, den Tod ihres Mannes,
um ihrem eigenen Untergang vorzubeugen. Das geschieht nicht ohne
logische Gewaltsamkeit. Denn einerseits treibt sie den Antonius „Bis
auf den höchsten Punckt der blinden Brunst" (II 470), von dem aus

sie nach zusätzlicher Inszenierung ihres pompösen Scheintodes seinen Selbstmord aus verzweifelter Liebe mit Sicherheit erwarten kann, anderseits intrigiert sie nur gegen ihn, weil sie bei einem weitergehenden Angebot des Augustus an ihn noch vor Anbruch des nächsten Tages seinen Gesinnungswechsel für möglich hält (II 439–446). Vollends unverständlich erscheint in Anbetracht der Intrige ihre offensichtlich echt gemeinte Klage bei und nach dem Tod des Antonius. Hier behandelt L. sie, unbekümmert um seine anderen Voraussetzungen, plötzlich wie Benserade als treue Gattin. Wie bei ihm fällt sie in Ohnmacht. Keine Reue scheint ihrem Schmerz beigegeben. Nur beiläufig spricht sie später einmal von ihrer Schuld (V 173). Auch gegenüber Augustus, den L. erst mit dem 4. Akt auftreten läßt – Benserade stellte ihn schon zu Beginn des zweiten Aktes einmal auf die Bühne –, ergreift Cleopatra die Initiative. Zwar hat Augustus den Rat erhalten, sich verliebt zu stellen, aber davon macht er erst Gebrauch, als sie ihn ihrerseits mit ihren Reizen zu ködern sucht. Er stellt ihr die Vermählung in Aussicht, um sie nach Rom zu locken. So wird, wie L. in seiner Widmung schreibt, Betrug durch Betrug zunichte. Aber auch Augustus ist von ihrer Schönheit gefangen (V 521).

Das von Benserade übernommene Motiv einer möglichen Ehe der beiden hat L. 1680 verstärkt und dem Tod des Antonius noch vorgelagert (vgl. II 74 f.), wodurch sich statt der früheren Ablösung des Antonius durch Augustus neben dem politischen ein von vornherein auch erotisches Dreiecksverhältnis ergibt. Mit dieser Erotisierung hängt die Veränderung der Schlangenbißstelle (Brust statt Arm) zusammen, vielleicht auch die Aufwertung des Augustus. Letztere ist aber auch mit einem verschärften Kontrast zu Cleopatras „Extremismus" (KAFITZ, S. 196 f.) und mit verstärkter Rücksicht auf Kaiser Leopold, „der dem August es gleiche thut" (C^1 V 490 = C^2 V 838), erklärt worden (AS-MUTH).

Benserades Auffassung von der treuen Gattin schlägt nach dem Tod des Antonius bei L. so stark durch, daß dies sein eigenes Konzept von der nüchtern-brutalen Verstellungskünstlerin nachträglich infrage stellt. Daran mag es liegen, daß JUST Cleopatra nicht nur als Ziel, sondern als „Inkarnation erotischer Energien" begriff, die die Gefühle für Antonius und auch für Augustus nicht nur vortäusche (1961, S. 159). GILLESPIE (S. 103 f.) verteidigte dagegen den traditionellen Standpunkt.

Literatur

A. KERCKHOFFS: D. C. v. L.s Trauerspiele mit besonderer Berücksichtigung der Cleopatra. 1877.

W. SCHERER: Rezension zu Kerckhoffs. In: AfdtA 3, 1877, S. 278 f.

R. M. Werner: Rezension zu Kerckhoffs. In: Zs. f. d. österreich. Gymnasien 29, 1878, S. 296–308.

C. Müller (wie S. 18) 1882, S. 64–107.

G. H. Moeller: Die Auffassung der Kleopatra in der Tragödienliteratur der romanischen u. germanischen Nationen. 1888.

G. H. Möller: Beiträge zur dramatischen Cleopatra-Literatur. 1907.

M. Hippe: Aus dem Tagebuche eines Breslauer Schulmannes im 17. Jh. In: Zs. des Vereins für Geschichte u. Alterthum Schlesiens 36, 1901, S. 159–192 (hier S. 185–188).

W. Juker (wie S. 26) 1924, S. 177–179.

E. Lunding (wie S. 26) 1940, S. 112–119.

K. G. Just: L. und die afrikanische Welt. In: D. C. v. L.: Afrikanische Trauerspiele. 1957, S. IX–XX.

Ders.: Die Trauerspiele L.s. 1961, S. 154–163.

A. Lubos (wie S. 26) 1960, S. 109–117.

E. Verhofstadt: Zur Datierung der Urfassung von L.s Cleopatra. In: Neophil. 44, 1960, S. 195–199.

Ders.: D. C. v. L. Untergehende Wertwelt u. ästhetischer Illusionismus. Brügge 1964, S. 283–295.

G. E. Gillespie (wie S. 27) 1965, S. 81–110.

P. Skrine: A Flemish model for the tragedies of L. In: The Modern Language Review 61, 1966, S. 64–70.

E. Rotermund: Der Affekt als literarischer Gegenstand. In: H. R. Jauss (Hrsg.): Die nicht mehr schönen Künste (=Poetik und Hermeneutik, Bd 3). 1968, S. 239–269, hier S. 261–263.

D. Kafitz (wie S. 68) 1970, S. 177–198.

G. Spellerberg (wie S. 27) 1970, S. 145–167.

B. Asmuth (wie S. 33) 1971, bes. S. 151–154.

c) »Agrippina« (Erstdruck 1665)

Über L.s »Agrippina« und »Epicharis« heißt es in der Vorrede zur Sammelausgabe von 1685, sie seien „seiner ersten Jugend Schulfrüchte", die er in seinen Mannesjahren, nämlich für diese Ausgabe, ebenso habe verbessern wollen wie »Cleopatra«. Deshalb schrieb man die beiden Stücke im 18. Jh. wie »Ibrahim Bassa« dem vierzehnjährigen Schüler zu. Dagegen haben Passow (S. 6; vgl. S. 50) und Kerckhoffs (S. 17) mit Recht polemisiert. Dem Zitat liegt wohl das lateinische Wortverständnis der ‚iuventus' zugrunde, die erst nach der Ausbildung mit etwa 25 Jahren beginnt. Aufgeführt wurde das Drama vom 2. bis 18. Mai 1666 abwechselnd mit der »Epicharis« von den Schülern des Breslauer Elisabethgymnasiums (Hippe). Das laut der »Topographischen Chronik von Breslau« in der Fastenzeit 1669 aufgeführte Stück L.s war vermutlich ebenfalls »Agrippina« (Kerckhoffs, S. 19 f.). Gegenstand des Stücks ist die Ermordung der jüngeren Agrippina (15–59 n. Chr.) durch ihren Sohn, den römischen Kaiser Nero, bei dem Seebad Baiae. Einige Anregungen mag L. der Tragödie »Arie et Petus, ou les amours de Neron« (1660) von GABRIEL GILBERT entnommen haben (vgl. Asmuth, S. 44), im übrigen stützt er sich auf TACITUS (ann. XIII 18–22 und 45–46, XIV 1–12), der den Typus des schönen Machtweibs in die Literatur eingeführt hat, nur geringfügig auch auf Sueton und Xiphilinos. Deutlicher als Tacitus stellt er den Mord als Folge des Mutter-Sohn-Inzests dar, mit dem Agrippina Neros neue Favoritin Poppäa ausschalten möchte. Dementsprechend ist die erotische Thematik ausgebaut und die ganze erste Hälfte bis zur Mitte des dritten Akts als Wechselspiel von Poppäas und Agrippinas Aktivität gestaltet, die aus politischem Ehrgeiz mit ihren körperlichen Reizen um Neros Gunst wetteifern. Mit der Meinung von Neros Ratgeber Paris, hinter Agrippinas Bereitschaft zur Blutschande verberge sich ihre umstürzlerische Gesinnung, schlägt das erotische Drama dann plötzlich zum Mordstück um. Gleichzeitig verlagert sich das Geschehen von Rom in die Gegend von Baiae bei Neapel. Noch im dritten Akt wird das erste Attentat auf Agrippina mit Hilfe des künstlichen Schiffbruchs inszeniert, gegen Anfang des fünften erdolchen Neros Häscher sie in ihrem Bett, nachdem sie sich heroisch mit ihrem Tod abgefunden hat. Der größere Rest des letzten Akts ist magisch-psychisches Nachspiel, in dem der Geist der Toten und die Furien das Gewissen des Muttermörders quälen. Alles in allem erscheint Agrippinas Rolle gegenüber der Vorlage deutlich aktiviert. Ohne die historische Machtlosigkeit ihrer letzten Tage wirklich aufzuheben, umgibt L. sie in der ersten Hälfte mit einer Aura von Gefährlichkeit, in der zweiten retuschieren die mit ihr agierenden übersinnlichen Kräfte ihre völlige Ohnmacht.

»Agrippina« ist L.s lasterhaftestes und sinnlichstes Drama. Anders als bei den übrigen Stücken werden hier die Verbrechen zweier Personen gegeneinander ausgespielt. Dies ist zugleich der Grund für die Ambivalenz von Agrippinas Rolle. Denn einerseits hat sie sich durch ihre „Ehrsucht“ und den daher rührenden Inzest den Tod selbst zuzuschreiben, zum anderen berechtigt der Muttermord sie zur posthumen Rache an Nero. Das Erotisch-Sinnliche gipfelt in der Poppäaszene des zweiten und der Inzestszene des dritten Akts. Letztere wurde im 19. Jh. mehrfach als unerträglich beanstandet. Solche „sensualistischen Szenen“ (Lunding) kommen in den anderen Stücken nur je einmal vor, als Duelle blinder männlicher „Wollust“ und machtlüsterner weiblicher Verstellung sind sie in der »Agrippina« erstmals vertreten.

Nach der Poppäaszene gestaltete HEINRICH ANSHELM VON ZIG-
LER UND KLIPHAUSEN in seiner »Asiatischen Banise« die beiden
für das Schicksal der drei Hauptpersonen wichtigsten Stellen.
Näheres hierzu und zu der Abhängigkeit von Tacitus bei Asmuth. In der sonstigen Forschungsliteratur wird das Stück meistens nur gestreift.

Literatur

L. TIECK: Deutsches Theater, Bd 2, 1817, S. XIX–XXI.
A. KERCKHOFFS (wie S. 30) 1877, S. 17–20.
M. HIPPE (wie S. 31) 1901.
E. LUNDING (wie S. 26) 1940, S. 126–135.
K. G. JUST: L. und die römische Welt. In: D. C. v. L.: Römische
   Trauerspiele. 1955, S. IX–XIX.
DERS.: Die Trauerspiele L.s 1961, S. 121–134.
G. E. P. GILLESPIE (wie S. 27) 1965, S. 56–74.
G. SPELLERBERG (wie S. 27) 1970, S. 168–174.
B. ASMUTH: L. und Tacitus. Eine quellenkritische Interpretation der
   Nero-Tragödien und des »Arminius«-Romans. 1971, S. 14–48, 186
   bis 200, 228 f.

d) »Epicharis« (Erstdruck 1665)

Entstehung und Aufführung siehe unter »Agrippina«. VALEN-
TIN hat für den 7. 10. 1710 eine von dem Jesuiten IGNAZ PEL-
LISSIER einstudierte Aufführung des Gymnasiums zu Sitten in
Wallis nachgewiesen, deren Programm, L.s „Innhalt" entsprechend, im Besitz der Zentralbibliothek Zürich (LKR 1, 4) ist.
Darin ist Epicharis zur Verbrecherin umgedeutet, die in ihrem
„bösen Vorhaben" gestraft wird. Ob L. »Epicharis« nach »Agrippina« abschloß, läßt sich nicht sicher sagen. Dafür sprechen aber
außer den von JUST (in: L.: »Röm. Trauersp.«, S. 147 f.) genannten Gründen die häufige Erwähnung des Muttermordes und
die an »Agrippina«-Stellen erinnernden Verse I 618 ff. (vgl. Agr.
III 319 ff.), III 180–182 (vgl. Agr. V 455–460) und V 267–271
(vgl. Agr. V 389 ff. und 785 ff.).

Gegenstand des Dramas ist das zweite hervorstechende Ereignis aus Neros Regierungszeit, die gegen ihn 65 n. Chr. unter-
nommene, von Piso geleitete, auf Drängen der Freigelassenen
Epicharis beschleunigte, durch den Leichtsinn des Scevinus ver-
ratene Verschwörung, deren Entdeckung die meisten Rebellen
mit dem Leben bezahlten und die dem Kaiser als Vorwand
diente, auch seinem früheren Lehrer und Minister, dem stoischen
Philosophen Seneca, den Todesbefehl zuzustellen. L. ging von

mehreren französischen Bearbeitungen des Stoffs aus. Mit dem in der Eingangsszene erzählten Lebenslauf der Epicharis paraphrasiert er den damals vielgelesenen Roman »Ariane« (1632) von JEAN DESMARETS DE SAINT-SORLIN (1595–1676); in der Sterbeszene Senecas folgt er durchgängig der Schrift »La Mort et les dernieres paroles de Seneque« (1637) des Parlamentsadvokaten PIERRE ANTOINE MASCARON (gest. 1647), stellenweise vermutlich auch dem Essay II 35 von MICHEL MONTAIGNE; das Akt-, Szenen und Personengefüge des Stücks entlehnte er der Tragödie »La Mort de Seneque« (1645) von FRANÇOIS TRISTAN L'HERMITE (1601–1655), der Desmarets und Mascaron in anderer Weise auch schon benutzt hatte. (Vgl. Asmuth, Kap. III, zur Rezeption der »Ariane« vorher auch schon Spellerberg.) Das von Tristan L'Hermite übernommene Handlungsgerüst korrigierte und füllte L. mit dem von TACITUS (ann. XV 47–74) gebotenen Material. Die Verse IV 53–86 paraphrasieren SENECAS »De providentia« (Verhofstadt, S. 187–189), V 47–98 und 122–136 seine Schrift »De constantia sapientis« (Asmuth, S. 76). Wie Tristan macht L. die schöne, aber erotisch unzugängliche Epicharis zur Initiatorin der Verschwörung und läßt sie erst nach den anderen Putschisten sterben, wie er inszeniert er zwei Akte (II/III, bei Tristan III/IV) als Wechselspiel von Epicharis- und Scevin-Handlung. Im Gegensatz zu Tristans klassizistischer Beschränkung auf wenige Akteure bringt er jedoch alle von Tacitus genannten Rebellen auf die Bühne, besonders in der großen Verschwörerszene am Ende des ersten Akts. Dementsprechend entfaltet er die Taciteische Sequenz der Hinrichtungs- und Selbstmordszenen, die Tristan bis auf den Tod von Seneca und Epicharis ausgespart hatte, im vierten und fünften Akt in grausamer Breite. Tapfere und feige Männer stellt er im Sterben kontrastreich gegeneinander. Scevin und drei andere mutlos geständige Verschwörer läßt er unter dem Beistand der Epicharis einen tapferen Tod finden.

Im 19. Jh. tadelte man »Epicharis« als L.s grausamstes und blutigstes Trauerspiel. LUNDING suchte dem Stück als einem „Massenheldendrama" und „Spiel von der Vielfalt des menschlichen Verhaltens" angesichts drohender Qualen gerecht zu werden. LUPTON (S. 171–175) mißverstand die Notlüge der Epicharis gegenüber Proculus (II 102–108) als Schuldbekenntnis und sah deshalb ähnlich wie 1710 Pellissier in ihr eine Frevlerin, die für ihren Aufruhr bestraft wird. JUST deutete die Titelgestalt richtiger als „Verkörperung aller politischen Tugenden". Die jüngsten Untersuchungen betonen vor allem den im ersten Akt mit zwei programmatischen Disputen ausgetragenen Konflikt zwischen monarchischer und republikanischer Staatsform bzw. Verbot und Erlaubnis des Tyrannenmordes. Im Gegensatz zu HILDEBRANDT (»Die Staatsauffassung der schlesischen Barockdramatiker im Rahmen ihrer Zeit«, 1939), der L. wie die anderen schlesischen Barockdramatiker pauschal als Monarchisten einstufte, bemerkte VERHOFSTADT (S. 178) seine „Sympathie für eine nicht-monarchische Staatsform", ohne daß man daraus auf eine Stellungnahme schließen könne. Laut SZAROTA (S. 318) verbirgt sich dahinter „die komplizierte Beziehung zwischen der Stadtrepublik Breslau und der Habsburg-Monarchie". Nach meiner Ansicht ist »Epicharis« als Gegenstück zu den streng königstreuen Dramen des Gryphius konzipiert, zumal die Heldin auch die an Gryphius gemahnende Vanitas-Resignation gleich zu Beginn entschieden zurückweist (Asmuth, S. 149 und 102), zumindest aber als Diskussionsbeitrag, der die kontroverse Frage neu zur Debatte stellt. Die beiden möglichen Positionen des aktiven und passiven Widerstandsrechts werden im Drama selbst nicht nur erörtert, sondern durch Epicharis und Seneca auch bis zum Tode verwirklicht. Als Vorkämpferin republikanischer Freiheit erscheint Epicharis allerdings auch schon bei Tristan L'Hermite.

Literatur

E. LUNDING: Das schlesische Kunstdrama. 1940, S. 119–126.

P. W. LUPTON: Die Frauengestalten in den Trauerspielen D. C. v. L.s. 1954 [Masch.], S. 158–181.

K. G. JUST: L. und die römische Welt (wie S. 33) 1955.

DERS.: Die Trauerspiele L.s. 1961, S. 146–154.

E. VERHOFSTADT (wie S. 31) 1964, S. 149–228.

G. E. P. GILLESPIE (wie S. 27) 1965, S. 43–55.

G. SPELLERBERG: Eine unbeachtete Quelle zur »Epicharis« D. C.s v. L., in: Euph. 61, 1967, S. 143–154.

DERS. (wie S. 27) 1970, S. 174–186.

E. M. SZAROTA (wie S. 27) 1967, S. 314–328.

J. KAUFMANN: Die Greuelszene im dt. Barockdrama. 1968, S. 105–115.

J. M. VALENTIN: Une représentation inconnu de l'Epicharis de L. In: Et. Germ. 24, 1969, S. 242–248.

B. ASMUTH (wie S. 33) 1971, S. 49–105 und 200–230.

e) »Sophonisbe« (Abschluß vor Ende 1666, Erstdruck 1680)

Dieses zuletzt gedruckte Trauerspiel beendete L. in der Zeit zwischen der Verlobung (nach J. B. Mencke, »Leben und Thaten ... Leopold des Ersten«, 1706, S. 107, am 25. 4. 1666 „aufs prächtigste vollzogen"; nach R. Baumstark, »Kaiser Leopold I.«,

1873, „im Frühjahr 1663 bekannt gemacht") und der Hochzeit (12. 12. 1666) Kaiser Leopolds mit Margareta Theresia (1651 bis 1673), der Tochter Philipps IV. von Spanien († 1665), im Bewußtsein des Friedens, den Österreich nach dem Sieg an der Raab den Türken am 10. 8. 1664 abgezwungen hatte (vgl. IV 612, 619, V 177 f.). KERCKHOFFS (S. 16 f.) erklärte die auf die Hochzeit bezogenen Stellen (II 533–536, IV 615–626, V 182) für spätere Zusätze, um die Entstehung auf 1659 ansetzen zu können. Zu diesem Jahr gelangte er durch ein klares Mißverständnis von Vers 11 f. der Widmung an Franz von Nesselrode (der dort gemeinte Dichter ist nicht L., sondern Nesselrode). Am 14. 5. 1669 gestattete der Breslauer Rat den Schülern des Magdalenengymnasiums die Aufführung dieses Stücks und der Tragödie »Antiochus und Stratonica« von Hallmann (Hippe, S. 185). Aus einer Bemerkung der »Topographischen Chronik von Breslau« im Zusammenhang mit der L.-Aufführung in der Fastenzeit 1669 (vgl. S. 31) ist auf eine längere Spielzeit zu schließen. Es heißt dort, allmählich habe das Publikum auch das Interesse an L.s »Sophonisbe« und »Agrippina« verloren, wenn auch „die Gryphische und Lohensteinische Zeit immer die glänzendste Periode des Breslauer Schultheaters" geblieben sei, „besonders in pekuniärer Hinsicht". Die Einnahme betrug „oft gegen 500 Thaler" (nach Kerckhoffs, S. 19 f.). Für den Druck von 1680 fügte L., wie seine Benutzung neuester Literatur zeigt, etliche Anmerkungen zu kultischen Passagen und vielleicht auch diese selbst hinzu, was den ähnlichen Erweiterungen der »Cleopatra« entspräche (vgl. Kafitz, S. 177 f., und Asmuth, »L. und Tacitus«, 1971, Kap. I, Anm. 2).

Gegenstand des Dramas ist eine Episode aus dem Zweiten Punischen Krieg. Die aus Karthago stammende schöne Sophonisbe hatte ihren Mann, den Numiderkönig Syphax, veranlaßt, zu Hannibal zu halten. Nach der Einnahme von Syphax' Residenzstadt Cyrtha durch die Römer unter Scipio Africanus 203 v. Chr. machte der mit diesen verbündete zweite Numiderkönig Masinissa Sophonisbe sogleich zu seiner Frau. Als die Römer ihre Auslieferung verlangten, tötete sie sich mit einem von Masinissa besorgten Gift. Dieser durch LIVIUS (XXX 11–15) bekannte, auch von APPIAN (VIII 26–28) berichtete Stoff war bei den Dichtern des 17. Jhs fast so beliebt wie Cleopatras Ende (vgl. den Artikel bei E. Frenzel: »Stoffe der Weltlit.«, 1962). Die bekanntesten Tragödien des Jahrhunderts veröffentlichten 1634 JEAN MAIRET (1604–1686) und 1663 PIERRE CORNEILLE (1606–1684). Wenigstens das bedeutendere Stück Mairets, das als erste regelmäßige Tragödie im Sinne der französischen Klassik gilt, dürfte L. gekannt haben. Daß in seinem zweiten Akt Masinissa die als Syphax verkleidete Sophonisbe umbringen und daß im fünften Masinissa sich selbst ins Schwert stürzen will, erinnert an die beiden von Mairet gegenüber dem historischen Stoff vorgenommenen Änderungen. Bei ihm stirbt Syphax in der Schlacht, wodurch die Bigamie umgangen wird, und Masinissa stürzt sich nach seiner Klage an Sophonisbes Leiche wirklich ins Schwert. Es scheint also, als habe L. die ahistorischen idealisierenden Zutaten in ähnlicher Weise zurückgenommen wie die von Tristan L'Hermite bei der »Epicharis«. Lunding (S. 106–108) zog Mairets Stück nur zum Vergleich heran, ohne in ihm eine Quelle zu vermuten. Mairet und Corneille setzen wie L. mit der Belagerung von Cyrtha ein. Das Trauerspiel des Flamen NIEUWELANDT (1635), das Andrae und Skrine mit L. in Verbindung brachten, holt viel weiter aus und kommt schon deshalb als Quelle nicht infrage (vgl. Asmuth, »L. und Tacitus«, Einleitung, Anm. 2).

In den ersten drei Akten reicherte L. den überlieferten Stoff um einige ursprünglich eher schwankhafte Züge an. Der Kleidertausch von Sophonisbe und Syphax im Gefängnis mit der anschließenden Flucht des Mannes im zweiten Akt ist ein altes Romanmotiv, das sich in Verbindung mit der Bigamie der Frau etwa in dem spätgriechischen Roman des Achilleus Tatios findet (vgl. E. Rohde: »Der griech. Roman und seine Vorläufer«, [4]1960, S. 499 f. und 515). Romanhaft erscheint auch die Rettung des zum Opfer bestimmten Syphax im letzten Augenblick (III 345); vgl. Rohde, S. 420. Allerdings scheint es L. weniger auf die glückliche Rettung als auf die Darstellung des gräßlichen Opferkultes anzukommen. In der ähnlichen Szene am Ende des ersten Akts verhindert Syphax zwar, daß Sophonisbe einen ihrer Söhne dem glühenden Götzenbild der Baaltis opfert, stattdessen schlachtet aber der Priester Bogudes zwei gefangene Römer. Es wäre zu prüfen, ob derartige Motive in dem von ZESEN übersetzten Roman des FRANÇOIS DE GERZAN DU SONOY über Sophonisbes gleichnamige Tochter (1627, deutsch 1647) vorkommen.

Sophonisbe erinnert in mancher Beziehung an Cleopatra. Aber L. untermalt die gefährliche erotische Attraktion der Afrikanerin jetzt noch mehr durch düstere heidnische Kulte. Cleopatra war hauptsächlich Verstellungskünstlerin; Sophonisbe gerät vollends zur gräßlich schönen Zauberin, die die Männer behext (vgl. IV 140), und wird mehrfach mit Medea verglichen, der sie auch in der Bereitschaft zur Tötung ihres Kindes und zur Inbrandsetzung ihres Hauses nachempfunden ist. Aber auch die Gegenkräfte sind stärker herausgearbeitet. Scipio als Repräsentant römischer Macht, der wie Augustus erst im 4. Akt auftritt (auch bei Mairet), agiert anders als dieser außerhalb des erotischen Dreiecks. Er braucht sich nicht mit Sophonisbe selber auseinanderzusetzen, die er erst als Leiche sieht, sondern steht als stoischer Mentor dem zwischen Liebe und Vernunft schwankenden Masinissa zur Seite und verhilft mit seinen geradezu aufdringlichen moralischen Appellen schließlich der Vernunft zum Sieg.

Charakter und Handeln der Titelgestalt wurden mehrfach als monströs kritisiert. BODMER meinte, sie sei im Vergleich zu anderen Sophonisbe-Tragödien „ohne Sitten und Character", habe „einen so unsteten, leichten, ungetreuen, buhlerischen Sinn, daß man ihn nicht fest setzen und bestimmen kan" (S. 425), L. biete „statt einer Heldin einen geflickten und unverknüpften Character" (S. 428). SCHLEGEL (S. 195) formulierte gar: „anstatt einer livianischen Sophonisbe sieht man hier die wollüstigste und die grausamste, die albernste, ja die niedrigste Person aus dem menschlichen Geschlechte, oder vielmehr ein solches Gemische von Thorheiten und Lastern, dergleichen niemals in einem menschlichen Herzen gewesen seyn kann". GERVINUS (»Geschichte der dt. Dichtung«, Bd 3, ⁴1853, S. 435) sah in Sophonisbe ironisch „das Bild einer Heroin nach jener Horazischen Vorschrift, vorn eine Jungfrau, mitten ein Pferdehals, hinten ein Schlangenschwanz". JUKER hielt das Stück für „ein wahres Potpourri von zusammengewürfelten Motiven". Andererseits empfand GEBAUER (in: L.: »Arminius«, 1731, S. XIII) von L.s Dramen »Sophonisbe« als „sein Meisterstücke". Ähnlich urteilten Katz und Gillespie. Auch LUNDING stellte dieses Drama besonders heraus. Er wertete das schnelle Handlungstempo der ersten Akte als „Rauschkunst" (S. 99) und fand im Gegensatz zu FLEMMINGS (»Das schlesische Kunstdrama«, ²1965, S. 44) Auffassung von gemischten Charakteren Sophonisbes schnelle Wandlungen „ohne jede Komplexität" (S. 103). – Die neueren Veröffentlichungen kreisen weniger um Handlung und Charaktere als um die Idee des Stücks. Laut KAYSER wird Sophonisbes Untergang nicht so sehr durch die moralische oder intellektuelle Überlegenheit ihrer Gegner wie durch die in der Geschichte waltende überpersönliche Vorsehung erzwungen. So, nicht als blinde Fortuna oder antikes Fatum versteht er L.s „Verhängnis". SZAROTA (»L.s Arminius als Zeitroman«, 1970, S. 230 ff.) sieht diesen Begriff sogar „religiös verankert". VERHOFSTADT und SPELLERBERG modifizierten Kaysers These. Auch FÜLLEBORN (S. 30) meint, hinter den römischen Antagonisten Augustus (»Cleopa-

tra«) und Scipio verberge sich als wahrer Gegenspieler das
ewige Verhängnis, das er allerdings eher als Fatum begreift.
TAROT hob dagegen die „Problematik von Vernunft und Leidenschaft" (S. 95) als maßgebend hervor, ähnlich KAFITZ den
„Konflikt Extremismus-‚Mittelmaß'" (S. 181). Zumindest ist
dieser unmetaphysische Gegensatz stärker betont und damit das
Primäre. Die überhitzte afrikanische Erotik und die exotisch-
kultische Atmosphäre, die besonders JUST unterstreicht, hätten
sonst ebenso wie Scipios Appelle an Masinissas Vernunft nur
dekorative Funktion. Dennoch liegt die Wahrheit wohl in der
Mitte: L. begreift hier und in seinen anderen Dramen Vernunft
und sexuelle Leidenschaft nicht nur als Beweggründe einzelner
Personen, sondern zugleich als polare historische Kräfte, die er
in Rom und Österreich auf der einen, in Afrika und dem Islam
auf der anderen Seite verkörpert sieht. Die stoische Affektlehre
ist also zur Geschichtstheorie erweitert; aber nicht das Verhängnis, sondern der in all seiner verführerischen Faszination dargestellte Sexus erscheint als Symbol und Hauptursache historischer
Katastrophen. Auf lange Sicht glaubt L. das Verhängnis mit der
Vernunft im Bunde, denn der europäische Adler werde den afrikanischen Drachen erlegen (vgl. V 175–188). Im Gegensatz zu
dem Diesseitspessimismus des Gryphius vertritt er also einen
vorsichtigen Vernunftoptimismus. Daß L. das Verhängnis nicht
in erster Linie als tödliches Schicksal, sondern vor allem als ziel-
gerichtetes, an politischer ‚virtus' orientiertes universalhistori-
sches Prinzip versteht, hat schon VOSSKAMP (vgl. S. 51) klarge-
macht.

Literatur

J. J. BODMER: Critische Betrachtungen über die Poetischen Gemählde
  Der Dichter. 1741, S. 425–429. (Ähnlich schon: BODMER/BREITINGER:
  Von dem Einfluß und Gebrauche Der Einbildungs-Krafft. 1727,
  S. 230–237.)
J. H. SCHLEGEL: Abhandlung von andern Tragödien, die auch von
  Sophonisben handeln. In: Jakob Thomsons Sophonisba ein Trauer-
  spiel aus dem Englischen übersetzt. 1758.
A. KERCKHOFFS (wie S. 30) 1877, S. 16–20.
A. ANDRAE: Sophonisbe in der französischen Tragödie mit Berücksich-
  tigung der Sophonisbebearbeitungen in anderen Litteraturen. 1891.
M. HIPPE (wie S. 31) 1901.
W. JUKER (wie S. 26) 1924, S. 179 f.
M.-O. KATZ: Zur Weltanschauung D. C.s v. L. 1933, S. 31–33.
E. LUNDING (wie S. 26) 1940, S. 98–112.

W. KAYSER: L.s Sophonisbe als geschichtliche Tragödie. In: GRM 29, 1941, S. 20–39.

K. G. JUST (wie S. 31) 1957, S. IX–XX.

DERS.: Die Trauerspiele L.s. 1961, S. 121–142.

E. VERHOFSTADT: Stilistische Betrachtungen über einen Monolog in L.s Sophonisbe. In: Revue des langues vivantes 25, 1959, S. 307–314.

DERS. (wie S. 31) 1964, S. 264–283.

G. E. P. GILLESPIE (wie S. 27) 1965, S. 111–144.

R. TAROT: Zu L.s *Sophonisbe*. In: Euph. 59, 1965, S. 72–96.

P. SKRINE (wie S. 31) 1966.

U. FÜLLEBORN: Die barocke Grundspannung Zeit-Ewigkeit in den Trauerspielen L.s. 1969.

F. VAN INGEN (wie S. 27) 1970.

G. SPELLERBERG (wie S. 27) 1970, S. 23–145.

f) »Ibrahim Sultan« (Erstdruck 1673)

L. widmete dieses „Schauspiel" (er selbst nennt es – vielleicht wegen des frohen Anlasses – nicht Trauerspiel) Kaiser Leopold und seiner zweiten Frau Claudia Felicitas zu ihrer Hochzeit am 15. 10. 1673. Das Stück selbst nimmt darauf nur im Schlußreyen Bezug, der zu diesem Ereignis angefügt erscheint. Eine Aufführung ist nicht nachgewiesen. Immerhin erlebte dieses zuletzt entstandene Drama als erstes eine zweite Auflage (1679).

Ibrahim (1615–1648), türkischer Sultan seit 1640, begann 1645 mit den Venetianern einen Krieg um den Besitz von Kreta (damals meistens Candia genannt), der 1669 mit der endgültigen Eroberung der Insel durch die Türken endete und ihnen die Vorherrschaft im Mittelmeer sicherte. Ibrahim selbst, der mehr im Haremsleben aufging, wurde am 8. 8. 1648 in Konstantinopel von den Janitscharen abgesetzt und zehn Tage später erdrosselt. Seine Vernachlässigung des Krieges zugunsten seiner Amouren behandelt L. anhand eines konkreten Falles. Als Ibrahim Konstantinopel verlassen will, um den Krieg gegen Venedig zu Ende zu führen, wird ihm durch Vermittlung seiner Kupplerin Sekierpera die noch nicht fünfzehnjährige (vgl. I 621) Ambre, die Tochter des Mufti, gegen ihren Willen zugeführt und am Ende des 3. Akts zur Vergewaltigung in sein Bett geworfen. Danach ruft sie zur Revolte gegen ihn auf und ersticht sich. Nach seinem Sturz dirigiert sie als Geist seine Ermordung im Kerker. Die Handlung und die Personen entnahm L. ziemlich genau dem Schluß der Ibrahim-Monographie des MAIOLINO BISACCIONI in der von diesem fortgesetzten »Historia Universale dell'Origine, Guerre et Imperio de Turchi« (Venedig 1654, S. 517–522) des

Absender:

Bitte senden Sie mir folgende Prospekte

☐ Germanistische Abhandlungen

☐ Metzler Studienausgaben

☐ Texte Metzler

☐ Sammlung Metzler

☐ Deutsche Neudrucke

☐ Studien zur Allgemeinen und Vergleichenden Literaturwissenschaft

☐ Deutsche Vierteljahrsschrift für Literaturwissenschaft und Geistesgeschichte

NE H 70/P

Firma

J. B. Metzlersche

Verlagsbuchhandlung

7000 Stuttgart 1

Postfach 529

Hiermit bestelle ich über die Buchhandlung

_____

_____

_____ Exemplar(e) _____ DM _____

_____ Exemplar(e) _____ DM _____

_____ Exemplar(e) _____ DM _____

_____ Exemplar(e) _____ DM _____

J. B. Metzlersche Verlagsbuchhandlung, 7 Stuttgart 1,
Postfach 529, Kernerstraße 43, Tel. (0711) 29 69 65 / 29 25 18

Francesco Sansovino. Der namenlosen Muftitochter gab L. den Duftnamen Ambre (vgl. II 418). Auch Bisaccioni erklärt aus der Rache des Mufti, dessen Tochter der Sultan geraubt hat, dessen Sturz und Ermordung. Doch veranlaßt bei ihm der Vater, nicht das Mädchen selbst die Verweigerung ihrer Hingabe sowie die spätere Rache. L. aktiviert und heroisiert die Rolle dieses Kindes ebenso wie die der Frauen seiner anderen Stücke. Auch ihre Fähigkeit zu schlauer Verstellung und die angesichts ihrer Unschuld befremdliche, in der Sekundärliteratur häufig betonte Kenntnis sexueller Details (bes. II 75) sind durchaus neu. Einen genaueren Vergleich mit Bisaccioni hinsichtlich der Frauengestalten hat LUPTON durchgeführt. Den Part des Ibrahim steigert L. zum Liebeswahnsinn, in dem der Sultan einen seiner Söhne ersticht. Einige Motive erinnern an das Türkendrama »Osman« (1647) von FRANÇOIS TRISTAN L'HERMITE (vgl. dazu Asmuth). In der Darstellung türkischer Sitten und Gebräuche stützt sich L. auf PAUL RICAUTS »L'Histoire de l'Estat present de l'Empire Ottoman« (engl. 1668, franz. 1670).

1663 hatten die Türken durch ihren Einfall in Ungarn und Mähren in Schlesien die Mobilmachung ausgelöst. Der 1664 von Kaiser Leopold mit ihnen für zwanzig Jahre ausgehandelte Friede (vgl. S. 36) erschien ständig gefährdet. In seiner Widmung schreibt L.: „Diß Schauspiel entwirfft die Gemüths-Flecken und die zu unserer Zeit sichtbare Verfinsterung eines Oßmannischen Mohnden; umb durch *Ew. Käyserl. Majest.* Gegensatz der Welt für Augen zu stellen: wie jene zwar durch stetige Herrschens-Sucht sich aufblähen; die Sonnen von Oesterreich aber aller Vergrösserung überlegen sind". LUNDING sah deshalb in dem Stück eine „politische Reportage im Dienste des österreichischen Kaiserhauses" (S. 136) und im übrigen eine „mit hervorragender Meisterschaft" gezeichnete „pathologische Studie" der in dem „Eromanen" Ibrahim verkörperten Triebhaftigkeit (S. 138). JUST nannte den Sultan, „der alle Sexualgiganten der Welt überbietet", „einen Super-Nero" und Ambre „die radikalste Säkularisierung der barocken Märtyrerin" (»Türk.Trauersp.«, S. XLIIf.). Auch das unheimliche Ende des Stücks erinnert an »Agrippina«, Ambres Aufruf zur Revolte und ihr Selbstmord an »Epicharis«. Andere (z. B. Gillespie) fanden das in der szenischen und sprachlichen Darstellung der Sexualität krasseste Stück L.s weniger bedeutend. R. NEWALD (»Die dt. Lit. vom Späthumanismus zur Empfindsamkeit«, ⁵1965, S. 328) konstatierte „ein deutliches Abnehmen seiner poetischen Kraft oder seines Interesses am Drama".

Literatur

M.-O. Katz: (wie S. 39) 1933, S. 36 f.
B. Kâmil (wie S. 26) 1935.
E. Lunding (wie S. 26) 1940, S. 135–139.
K. G. Just (wie S. 26) 1953, S. XXXVII–XLVII.
Ders.: Die Trauerspiele L.s. 1961, S. 96–120.
P. W. Lupton (wie S. 35) 1954, S. 208–234.
E. Verhofstadt (wie S. 31) 1964, S. 233–264.
G. E. P. Gillespie (wie S. 27) 1965, S. 38–42, 74–78.
E. M. Szarota (wie S. 27) 1967, S. 329–340.
G. Spellerberg (wie S. 27) 1970, S. 197–200.
B. Asmuth (wie S. 33) 1971, S. 60–63.

g) Allgemeines zu Thematik und Form der Trauerspiele

Die Forschung hat sich mit Vorliebe um die Erfassung der typischen Merkmale bemüht, die L. von Gryphius unterscheiden. Das Interesse galt fast aussschließlich den Charakteren, ohne daß der alles regierende Geschlechtergegensatz eine einheitliche und überzeugende Bestimmung fand.

Auslösendes Moment ist in allen sechs Trauerspielen (bei Gryphius nur ausnahmsweise) ähnlich wie im heroisch-galanten Roman die Schönheit einer Frau. Epicharis und die Heldinnen der Türkendramen werden unfreiwillig zum Gegenstand männlicher „Wollust", ergeben sich aber nicht wie die Märtyrer des Gryphius in die aus ihrer Weigerung resultierende Verfolgung, sondern rufen zu politischem Widerstand auf. Isabelles Ruf nach einem Rächer verhallt noch ungehört, Epicharis und Ambre inszenieren die offene Revolution. Die Frauen der bekannteren Stücke, Cleopatra, Sophonisbe und in der »Agrippina« Poppäa im Wettstreit mit der Titelfigur, provozieren die männliche „Brunst", indem sie, ihren Partnern an Klugheit zumeist überlegen, ihnen aus „Ehrsucht" Liebesempfindungen vorgaukeln oder doch aus politischem Selbsterhaltungstrieb ihr sexuelles Verhalten den wechselnden Machtverhältnissen anpassen. Die doppelte Gefährlichkeit solcher Frauen läßt L. den Titelhelden seines »Arminius« (Bd 1, S. 1245) im Hinblick auf die Intrigantin Sentia so formulieren, „daß es leichter wäre gegen ein gewaffnetes Heer/ als ein liebreitzendes/ und zugleich Ehrsüchtiges Weib bestehen. Denn ihre Herrschafft bemächtigte sich ihrer eigenen Gebieter; und dehnete ihre Gewalt über alle Schrancken der Leibeigenschafft aus". Um die Attraktion besonders der machthungrigen reifen Frauen herauszustellen, bedient L. sich des Apparates petrarkistisch-marinistischer Wortkunst, wie er ihn etwa bei Hoffmannswaldau vorgeprägt fand. In der Zielsetzung jedoch unterscheidet er sich, wie C. L. CHOLEVIUS (»Geschichte der deutschen Poesie nach ihren antiken Elementen«, Bd 1, 1854, S. 396) und LUNDING (S. 116) betonten, gründlich von der verspielten Poesie der Galanten. Seine Frauen sind nicht nur schön, sondern zugleich gefährlich. Ihre Gegner nennen sie Schlange, Natter, Wurm, bes. aber Zauberinnen. Sie behexen die Männer so, daß etwa Antonius sich der Macht der Liebe fatalistisch überläßt (Cleop.[2]I 943–958). Das türkische Konstantinopel und Neros Rom assoziieren ohne viele Zutaten den mit Faszination untermischten Abscheu. In den afrikanischen Stücken unterstreichen rituelle Gruft- und Tempelszenen die überhitzte erotische Atmosphäre. Vieles und gerade Wichtiges läßt L. nachts geschehen. Schlachtendonner oder drohender Aufruhr machen in allen Stücken das Maß der Erregung voll. In dem öfter verwendeten Paradoxon des Tacitus, der Gefahr müsse man mit Gefahr begegnen (Cleop.[2] I 159, Epich. II 170, III 150), ist die unheilschwangere Stimmung sentenziös verdichtet.

Sowohl die Machtweiber, die L. den Tyrannen und Märtyrern des Gryphius als dritten Typus zugesellt (MEINHARDT, MARTIN, NUGLISCH), als auch die künstlerisch allgemein als blasser geltenden keuschen Heldinnen scheitern in dem Versuch, ihrem Untergang entgegenzuarbeiten, und finden sich, in der Mehrzahl als Selbstmörderinnen, am Ende heroisch damit ab. LUPTON meinte, L. stelle die Frauen schlimmer dar als seine Quellen, und brachte ihn mit dem religiös-moralischen Antifeminismus des Aegidius Albertinus in Verbindung. Die gelungen dargestellte Attraktion und die Todesgloriole auch und gerade der Machtweiber hat jedoch, begünstigt durch die Vorliebe des Expressionismus für das Anarchisch-Grandiose (CYSARZ), eher zu dem Eindruck geführt, als sympathisiere L. überhaupt mit ihrem Verhalten und als dienten die schwächer dargestellten moralischen Gegenkräfte nur als Alibi. Schon STACHEL (S. 288) hatte bemerkt, L. sei „nur pathologisch zu verstehen". Laut JUKER (S. 300) scheint es ihm mehr um die Darstellung der Affekte als um die Moral zu gehen, die der Zuschauer daraus gewinnen kann. KATZ baute diesen Gedanken aus und meinte, in der Gestaltung des Negativen beruhe L.s ganze Stärke (S. 22), er mache aus der Not seiner zu großen Sinnlichkeit eine Tugend (S. 23) und biete „eine Psychologie des Lasters in dichterischer Form" (S. 30). Zwischendurch hatten HECKEL und FLEMMING ihn mit besonderem Blick auf die Frauengestalten als ersten Psychologen unter den deutschen Dramatikern gepriesen. FRIEDERICH stellte dem „Ethos" des Gryphius L.s „Pathos" gegenüber. Daran anknüpfend, sprach GILLESPIE von „frenetic heroism" in einem „unethical drama" (S. 26). Die psychologische Deutung der Frauen hat indessen einen Pferdefuß: Sowohl die Machtweiber als auch die keuschen Heldinnen sind, abgesehen von der „Ehrsucht" der ersteren, im Grunde gefühllos und damit psychologisch uninteressant, „Willensnaturen" (Flemming), die ihr Verhalten ganz nach politischen Zielen ausrichten. Die sexuelle Leidenschaft der Frau bringt L. ebensowenig zur Darstellung wie Gryphius. Mit einigem Recht wandte sich LUNDING (S. 103) in bezug auf die Frauen gegen Flemmings Auffassung von gemischten Charakteren. Auch von inneren Konflikten kann bei ihnen kaum die Rede sein. Die Umstände, nicht die Frauen wandeln sich. Der heroische Tod der Königinnen mag den Leser mit ihrem Leben versöhnen; für sie selbst ist er kaum reuevolle Sühne, sondern Konsequenz ihres nicht durchsetzbaren Willens. Zwingender erscheint schon die Deutung von SCHAUFELBERGER (S. 35 f.), der nicht nur von moralischen, sondern auch von psychologischen Kategorien absah. Er glaubte in Sophonisbe und den anderen Frauen den Typus eines „politischen Menschen" gestaltet, der „jenseits von Gut und Böse" stehe. „Aus den Trümmern des nicht mehr zu verwirklichenden Tyrannenbildes steigt das Bild des Märtyrers", meinte er zum Selbstmord der Frauen. Aber so bestechend diese Lösung klingt, da sie die keuschen und die skrupellosen Frauen unter ein einheitliches Modell zwingt, auch sie wird L. nur zur Hälfte gerecht.

A-moralisch wirken seine Tragödien nur, solange man bloß auf die Frauen sieht. Sie stehen sicherlich im Zentrum des Geschehens, aber nicht um ihrer selbst willen, sondern weil ihre Schönheit und ihre Schlauheit die Männer verwirren. L.s Frauendramen sind, so paradox es klingt, von ausschließlich männlicher Problematik. Das wurde bisher durchweg übersehen. Im Gegensatz zu den Frauen sind die Männer Konflikt- und Affektträger. Ihnen weist L. die von Seneca überkommene Form des Konfliktmonologs zu (»Ibr. Bassa« II 1 ff., 247 ff., »Sophonisbe« II 159 ff., IV 345 ff., vgl. »Cleopatra« [2]I 883 ff.), einer Frau nur ausnahmsweise und kurz (»Sophonisbe« II 285 ff.). Nur Männer geraten aus Liebe in todbringende Raserei (Antonius, die Sultane, vgl. auch Neros Muttermord). Die Verzweiflung der Frauen ist von anderer Art, eher geringfügig (»Cleopatra« [2]II 145, »Agrippina« V 1 ff., »Sophonisbe« V 189 ff.) und jedenfalls nicht breiter gestaltet. Nur Sophonisbes Verzweiflung schlägt nach außen. Aber ihr Plan, sich mit den Söhnen zu verbrennen, scheitert. Auch von den Geistern Ermordeter werden nur Männer erschreckt. Didos Geist hat weniger Sophonisbe zu erschrecken als einen prophetischen Abriß der zukünftigen Weltgeschichte bis hin zu den Habsburgern zu liefern.

In L.s Tragödien und auch später im »Arminius« stört eine chaotische Sexualität die moralisch-politische Vernunftordnung und führt so zur Katastrophe. Um den zentralen Gegensatz von sexueller Begierde und politischer Vernunft des Staatsmanns kreisen die Konfliktmonologe und mehrere Reyen (bes. »Ibr. Bassa« II, »Agrippina« I, »Ibr. Sultan« II). Der Antithetik dieser Beweggründe entspricht im weiteren Sinn der von JUST (1961, S. 143 ff.) als zentral herausgearbeitete Kontrast der „Energien" Erotik und Politik. Daß L. die Männer in ihrem seelischen Kampf gegen die magische Attraktion der Frauen bzw. gegen ihre eigene Begierde durchweg erliegen läßt – eine Ausnahme bildet nur Masinissa –, darf keineswegs als Hymne auf die Gewalt des Sexus verstanden werden. Die entfesselte Darstellung etwa der türkischen Gegenwelt ist ein indirektes Plädoyer für eine vernünftig geordnete Welt. Nur so gesehen, haben L.s Stücke auf der Schulbühne ihren Platz. Die Darstellung ex negativo entspricht durchaus der Definition der von Scaliger und Opitz geforderten Schreckenstragödie. Ähnlich häufig wie Begierde und Vernunft läßt L. nur Liebe (bzw. Wollust) und Ehrsucht gegeneinander agieren. Aber sie kämpfen nicht im Gewissen eines Menschen, sondern sind in Form des äußeren Konflikts auf Mann und Frau verteilt, oder aber es tritt, wie im 4. Reyen der meisten Stücke (Cleop., Agr., Soph., Ibr. Sult.), hinter der Larve einer falschen Liebe die Ehrsucht hervor.

Während Gryphius seine Märtyrer zwischen diesseitige und jenseitige Forderungen stellt, geht es bei dem Kampf von Begierde und Vernunft (ähnlich wie bei Corneilles Konflikt von Liebe und Ehre) um eine innerweltliche Auseinandersetzung, was deren Spiegelung auf allegorischer Ebene nicht ausschließt. Gryphius gestaltete seine Stoffe christlich, L. behandelt nur heidnische Stoffe. Seine Wendung zum Diesseits oder besser zur Darstellung eines mehr aus menschlicher Eigeninitiative als im Vertrauen auf Gott gestalteten Lebens betonten vor allem HANKAMER und LUNDING, danach auch SCHAUFELBERGER, JUST, GILLESPIE, SZAROTA und andere. Lunding hielt den „Idealisten" Gryphius und den „Realisten" L. scharf auseinander. VOSSKAMP schrieb im gleichen Zusammenhang Gryphius eine lineare, L. eine zyklische Geschichtsauffassung zu. Zwar ist der transzendente Bereich nicht ausgeschaltet, aber Gott und Verhängnis bezeichnen für L. doch mehr die Grenze als den Maßstab menschlichen Handelns. FÜLLEBORNS Gegenargumente haben Justs Formulierung von der „entgöttlichten Welt" (in: L.: »Türk. Trauersp.«, S. XXXIV) die Spitze abgebrochen, aber die Säkularisierungsthese in der Sache keineswegs widerlegt. Über den auch von TAROT (S. 85) und VOSSKAMP (S. 222) beanstandeten Begriff ‚Säkularisierung' läßt sich streiten, insofern L. geistliche Motive weniger verweltlicht als außer acht läßt. Aber das macht die Wendung zum Diesseits nur noch entschiedener. VERHOFSTADTS interessante These, ein „ästhetischer Illusionismus" ersetze die „untergehende Wertwelt", überzeugt allerdings nicht recht. Eher handelt es sich um eine Wertverschiebung vom Jenseitsglauben zu einer autonomen Vernunft im Sinne von Descartes' voraufklärerischem Rationalismus (vgl. WENTZLAFF-EGGEBERT).

Formal knüpft L. deutlich an Gryphius an. Wie dieser beachtet er die Einheit der Zeit (24 Stunden). Von der Einheit des Ortes weicht er in größerem Maße nur in der »Agrippina« ab, die zunächst in Rom und dann am Golf von Neapel spielt. Innerhalb einer Stadt wechselt er häufiger die Schauplätze. An die Horazische Regel, nicht mehr als drei Schauspieler sollten gleichzeitig miteinander sprechen, hält er sich nur in seinem ersten Stück. Auch die Beschränkung des Gryphius auf vier gleichzeitige Akteure gibt er seit der »Epicharis« auf, in der *durchschnittlich* sechs Personen je Szene spielen. Die zu Beginn jeder Szene erwähnten Personen treten manchmal erst im Laufe der Szene auf, z. B. Seneca und Burrhus bei ihrem ersten Erscheinen in der »Agrippina« (I 218 bzw. 261).

Wie Gryphius nennt L. seine Tragödien nach Zesens Vorschlag von 1640 ‚Trauerspiele', die jeweils fünf Akte ‚Abhandlungen' und die sie verbindenden musikalischen Chöre nach holländischem Muster ‚Reyen' (bei den Franzosen fehlen sie). Seine Reyen fanden die Zeitgenossen besonders attraktiv. Vor allem deshalb ist er für SIGMUND VON BIRKEN (»Teutsche Rede-bind-und Dicht-Kunst«, 1679, S. 332) „unser Teutscher Seneca", ein Lob, das GOTTSCHED (»Crit. Dichtkunst«, 1751, S. 369) später zum Tadel umprägte. GOTTLIEB STOLLE (»Anleitung Zur Historie der Gelahrtheit«, 1736, S. 196) nennt die Reyen eigenständiger und „weit prächtiger und klüger" als die von Gryphius. Sie sind meistens strophisch gegliedert. Die von Gryphius vorgezogene dreiteilige pindarische Odenform verwendet nur der junge L. (»Ibr. Bassa« I, III, »Cleopatra« IV). Im Gegensatz zu Gryphius gibt er auch dem letzten Akt meistens einen Reyen bei (außer »Ibr. Bassa« und »Epicharis«). Vor allem löst er die Reyen stärker von den Abhandlungen und macht sie zu selbständigen allegorischen Zwischenspielen, die man als „Miniaturopern" (JUST), „Singspiel-Reyen" (SCHÖNE) und „allegorische Affekt-Ballette" (ROTERMUND) bezeichnet hat. In der »Cleopatra« dürfte der Einfluß von BENSERADES allegorischen Pariser Hofballetten mitwirken. SCHÖNE (S. 156–179) deutete die Reyen der barocken Trauerspiele als emblematische subscriptio zur pictura der vorausgehenden Abhandlungen, wies aber auch auf die vorausdeutende Funktion der Reyen gerade bei L. hin.

Regierender Vers ist in den Abhandlungen der sog. heroische Alexandriner mit abwechselnd männlichem und weiblichem Paarreim. Während Gryphius in der Regel alle Abhandlungen eines Stückes (ohne Reyen) bei gleichbleibend männlichem Reimeinsatz weiblich schließt (»Leo Armenius«, »Papinianus«) oder umgekehrt verfährt, läßt L. nur die Abhandlungen von »Epicharis« und »Ibrahim Sultan« sämtlich männlich einsetzen und – außer dem Schluß des »Ibrahim Sultan« – weiblich enden. Auch sonst neigt er zu männlichem Einsatz des ersten und weiblichem Schluß des letzten Aktes, regelt aber die Grenzen im Inneren lockerer. In der »Agrippina« beginnen etwa der 3. und 5. Akt weiblich, die anderen männlich. An dem Wechsel von männlichen und weiblichen Versen hält er jedoch auch hier bei den Aktübergängen fest. Die Ausnahmen (»Ibr. Bassa« II/III, »Cleopatra« ²I/II, II/III, »Sophonisbe« II/III) erklären sich wenigstens teilweise durch spätere Zusätze.

Vom Alexandriner weicht L. seltener ab als Gryphius. Außer den Reyen sind nur die Prologe der Türkendramen, ein Konfliktmonolog im »Ibrahim Bassa« (II 1–72), die Zauberbeschwörungen (»Agrippina« V 727–766, »Sophonisbe« III 101–130) und die Geisterszenen (»Ibr. Bassa« V 105–208, »Cleopatra« ²III 299–414, »Agrippina« IV 1–62, V 401–454, »Sophonisbe« V 77–188, »Ibr. Sultan« IV 249–324) metrisch abgehoben.

Als Glanzpunkte rhetorisch-disputatorischer Schulung fallen innerhalb der Alexandrinerpartien wie schon bei Gryphius die größeren Reden und die stichomythischen Dialoge auf. Die Reden sind in der Regel durch kurze Unterbrechungen dialogisch aufgelockert und so in ihrer Geschlossenheit nicht auf Anhieb erkennbar (z. B. »Agrippina« I 384–480). Bei den stichomythischen Stellen meidet L. im Gegensatz zu Gryphius den mehrfachen Wortwechsel innerhalb eines Verses – einmal allerdings (»Sophonisbe« III 345) übertrifft er Gryphius sogar – und regelt die Sprechfolge durch Zangendialoge (BACABACA. . .) und andere kunstvolle Formen, die besonders in den Nerostücken vorherrschen (vgl. ASMUTH, S. 106–112).

Stilistisch wirkt L. trotz größeren und von Mal zu Mal zunehmenden Umfangs seiner Stücke knapper als Gryphius. Nach C. F. WEICHMANN(»Poesie der Nieder-Sachsen«, 1721, Vorrede) kommen die Schriften L.s der lakonischen Schreibart des Sallust, Tacitus, Seneca und einiger Italiener und Spanier so nahe, „daß wir vielmehr die Kürze an ihnen tadeln". In der Breslauer »Anleitung zur Poesie« (1725, S. 83) heißt es: „Daß er zuweilen in Zusammensetzung der Wörter ein wenig hart ist, kan fast nicht anders seyn, weil sich gleichsam die allzusehr gehäufften Realien an einander stossen". Die „Tendenz zum Pressen und Ballen" behandelt MARTIN als erste Stileigentümlichkeit L.s. Den breiten und wuchtigen Trikola in den Redepartien des Gryphius zieht L. die knappe Zweierformel vor, der Amplifikation synonymer Formulierungen die Akkumulation verschiedener Dinge (vgl. Martin, S. 37–41), der ausladenden Hypotaxe die zweigliedrige, asyndetische Parataxe (ebda, S. 34 f.). »Ibrahim Bassa« und stellenweise auch »Cleopatra« erinnern noch eher an die Art des Gryphius. Wo L. auch sonst doch amplifiziert, umgeht er die eigentlichen Bezeichnungen nicht wie die preziösen Franzosen, sondern ergänzt sie lieber durch versinnlichende und verdeutlichende Periphrasen, kombiniert also eigentliche und uneigentliche Ausdrucksweise. Allerdings sind seine Metaphern und Vergleiche, dem marinistischen Ideal des sinnreichen Concetto entsprechend, eher den entlegenen und kuriosen Randbezirken etwa der Tierwelt entlehnt als vertrauten Bereichen. Mit der teilweise niederen Herkunft seiner Metaphorik und der mitunter dialektgebundenen Phraseologie, die von den kostbaren petrarkistischen Klischees (z. B. ‚Sonne' für schöne Frau) und den eigenen Edelstein- und Gewürzmetaphern seltsam absticht, durchbricht er die Einheit des tragischen Pathos. Sein Stil ist wohl nicht nur versehentlich gemischt, wie frühere Kritiker annahmen, sondern im Zeichen eines differenzierenden Affektbewußtseins, das Lob und Beschimpfung, schönen Schein und rauheWirklichkeit verschieden auszudrücken weiß. Über den Stil des Dramatikers L. äußerten sich vor Martin BREITINGER, der die „hieroglyphische und Rätzelmässige Dunckelheit" der Gleichnisse tadelte (S. 224), PASSOW (S. 18–21), der eine grammatische Bestandsaufnahme versuchte, C. MÜLLER (S. 93–107), der in der Zweitfassung der »Cleopatra« einen Rückgang des Schwulstes bemerkte, und MURIS (S. 103–112), der den Einfluß des Metrums auf die

Sprache streifte, nachher NUGLISCH (S. 64–67), der wenig überzeugend gerade dem älteren L. den Hang zum Schwulst zuschrieb, LUNDING (S. 144–151), der die grobianisch-volkstüm-
lichen Wendungen der Schlesier von der französischen Klassik
abhob, JUST (S. 66–96), der vor allem auf Sentenzen und akku-
mulierende Reihungen hinwies, SCHÖNE (S. 133–156), der die
zweigliedrigen Stilfiguren und die Sentenzen emblematisch deutete, und ASMUTH (S. 115–120), der die Streckung und Verdeutlichung der übernommenen Tacitus-Passagen untersuchte.

Wie Gryphius, allerdings in größerem Umfang, gab L. seinen
Trauerspielen gelehrte Anmerkungen bei, die den Dialogtext
historisch erläutern oder enzyklopädisch ergänzen. Vgl. hierzu
ASMUTH, S. 8–13.

L.s Trauerspiele erscheinen dramatischer als die des Gryphius.
Eine Fülle von Aktionen beherrscht die Bühne, nur durch kurze
Meldungen, selten durch lange Vorgeschichten wie bei Gryphius
unterbrochen. Gegen „lange Erzehlungen" nimmt L. bei Beginn
der Anmerkungen zur »Cleopatra«-Erstfassung programmatisch
Stellung (ähnlich wie 1660 Corneille in seinem »Discours des
trois unités«). Klarer und überzeugender als bei Gryphius ist die
Handlung auf die fünf Akte verteilt. JUKER hat bemerkt, im
»Ibrahim Bassa« seien der 4. und 5. Akt nicht viel mehr als eine
Wiederholung des 2. und 3. mit zufällig anderem Ausgang
(S. 127 f.). Eine ähnliche Doppelung sah er in Scheintod und
wirklichem Tod der Cleopatra, um dann allerdings richtiger die
Tragödie des Antonius (Akte 1–3) und der Cleopatra (4–5) zu
unterscheiden (S. 177 f.). In Wirklichkeit hat L. das Dispositions-
klischee seines dramatischen Erstlings durchgehend beibehalten.
Nach dem jeweils der Exposition vorbehaltenen 1. Akt wickelt
sich die Handlung stets in zwei einander entsprechenden Schüben
ab: Das Geschehen der Akte 2 und 3 wird in 4 und 5 entweder
mit gegenteiligem, für die Titelfigur unglücklichem Ausgang
wiederholt (»Ibr. Bassa«, »Agrippina«, »Epicharis«) oder von
einer erst jetzt einsetzenden Gegenaktion zunichte gemacht
(»Cleopatra«, »Sophonisbe«, »Ibr. Sultan«). Durch diese Technik des doppelten Anlaufs macht L. schon die Akte 2 und 3, bei
Gryphius immer eine mit Nebendingen mühsam überbrückte
Krisenzone, dramatisch wirksam. Die Akte 2 und 4 sind im
»Ibrahim Bassa« und weniger stark auch in den drei zeitlich
folgenden Dramen (»Cleopatra«, »Agrippina«, »Epicharis«)
den fragwürdigen Ratgebern der Fürsten vorbehalten.

Während die Trauerspiele des Gryphius eine dualistische
Struktur aufweisen – die moralisch und politisch integre Titel-

gestalt wird in der Regel durch eine böse Gegenfigur oder -partei ermordet –, erreicht L. den größeren Handlungsreichtum seiner Stücke nicht zuletzt durch ein verwickelteres Personengefüge. Kennzeichnend für ihn ist die Dreierkonstellation.

Literatur

J. J. BREITINGER: Critische Abhandlung Von der Natur den Absichten und dem Gebrauche der Gleichnisse. 1740, S. 220–229; Faks.-Neudruck 1967.

W. A. PASSOW: D. C. v. L. Seine Trauerspiele u. seine Sprache. 1852.

F. BOBERTAG: Die dt. Kunsttragödie des 17. Jhs. In: Archiv für Litteraturgeschichte 5, 1876, S. 152–190.

A. KERCKHOFFS (wie S. 30) 1877.

C. MÜLLER (wie S. 18) 1882.

WILLNER: D. C. v. L. als Dramatiker. 1888.

R. SEXAU: Der Tod im dt. Drama des 17. u. 18. Jhs. 1906.

P. STACHEL: Seneca und das dt. Renaissancedrama. 1907.

O. MURIS: Dramatische Technik und Sprache in den Trauerspielen Dan. Cas.'s [!] von L. 1911.

H. CYSARZ: Dt. Barockdichtung. 1924.

W. JUKER (wie S. 26) 1924.

H. MEINHARDT: Stoffe, Ideen und Motive im schlesischen Kunstdrama des 17. Jhs. 1925 [Masch.].

W. MARTIN: Der Stil in den Dramen L.s. 1927.

H. HECKEL: Geschichte der dt. Lit. in Schlesien. Bd 1. 1929.

W. FLEMMING: Einführung. In: W. F. (Hrsg.): Das schlesische Kunstdrama. 1930; Neudruck 1965.

M.-O. KATZ (wie S. 39) 1933.

W. P. FRIEDERICH: From Ethos to Pathos. The Development from Gryphius to L. In: The Germanic Review 10, 1935, S. 223–236.

P. HANKAMER: Dt. Gegenreformation und deutsches Barock. 1935, ³1964.

L. BREDE: Das „Große Gemüth" im Drama L.s. In: Lit. wiss. Jb. der Görres-Ges. 8, 1936, S. 79–98.

O. NUGLISCH: Barocke Stilelemente in der dramatischen Kunst von A. Gryphius und D. C. v. L. 1938.

H. HILDEBRANDT: Die Staatsauffassung der schlesischen Barockdramatiker im Rahmen ihrer Zeit. 1939.

E. LUNDING (wie S. 26) 1940.

F. SCHAUFELBERGER (wie S. 26) 1945.

P. W. LUPTON (wie S. 35) 1954.

W. MONATH: Das Motiv der Selbsttötung in der dt. Tragödie des 17. und frühen 18. Jhs. 1956 [Masch.].

A. LUBOS: Das schlesische Barocktheater. D. C. v. L. In: Jb. der Schles. Friedrich-Wilhelms-Univ. zu Breslau 5, 1960, S. 97–122.

G.E.Gillespie: Heroines and historical fate in the drama of D.C.v.L. Columbus (Ohio State Univ.) 1961 [Masch.].

Ders.: L.'s protagonists. In: The Germanic Review 39, 1964, S. 101 bis 119.

Ders. (wie S. 27) 1965.

Ders.: Freedom of conscience in Schiller and L. In: Kentucky Foreign Language Quarterly, Bd XIII 4, Lexington, Ky. 1966, S. 237–246.

K. G. Just: Die Trauerspiele L.s. 1961.

Ders.: Allegorik oder Symbolik? Zur Figuration der Trauerspiele L.s. In: Antaios 10, 1968, S. 91–108.

F.-W. Wentzlaff-Eggebert: Die dt. Barocktragödie. Zur Funktion von „Glaube" und „Vernunft". In: H. Steffen (Hrsg.): Formkräfte der dt. Dichtung vom Barock bis zur Gegenwart. 1963, S. 5–20.

J. Lefebvre: L. et Sénèque. In: J. Jacquot (Hrsg.): Les tragédies de Sénèque et le théatre de la Renaissance. Paris 1964, S. 262–269.

A. Schöne: Emblematik und Drama im Zeitalter des Barock. 1964.

E. Verhofstadt (wie S. 31) 1964.

L. Baier: Persona und Exemplum. Formeln der Erkenntnis bei Gryphius und L. In: Text u. Kritik 1965, Nr 7/8, S. 31–36.

H. Bekker: The dramatic world of D. C. v. L. In: German Life & Letters 19, 1965/66, S. 161–166.

J. Klein: Die Gesellschaftskritik im Drama L.s. In: Archiv für Sozialgeschichte 5, 1965, S. 227–244.

P. Skrine (wie S. 31) 1966.

W. Weier: Duldender Glaube und tätige Vernunft in der Barocktragödie. In: Zs. für dt. Philol. 85, 1966, S. 501–542.

O. Müller: Drama und Bühne in den Trauerspielen von Andreas Gryphius und D. C. v. L. 1967.

E. M. Szarota (wie S. 27) 1967.

W. Vosskamp: Untersuchungen zur Zeit- und Geschichtsauffassung im 17. Jh. bei Gryphius und L. 1967.

U. Fülleborn: Die barocke Grundspannung Zeit – Ewigkeit in den Trauerspielen L.s. 1969.

B. Asmuth (wie S. 33) 1971.

3. Lyrik

a) Allgemeines

Die Lyrik begreift man am besten aufgrund der Sammlung »Blumen« von 1680 (vgl. S. 20f.). Die weltlichen »Rosen« (Hochzeitsgedichte) und »Hyacinthen« (Begräbnisgedichte) widmete L. Fr. von Roth, die geistlichen »Himmel-Schlüssel« (Weihnachtsgedichte) H. A. von Posadowsky. »Geistliche Gedancken über Das LIII. Capitel des Propheten Esaias« und »Thränen« (Karfreitagsgedichte) haben keine Widmung und sind wegen ihres ebenfalls geistlichen Inhalts wohl als Ergänzung der »Himmel-Schlüssel« gedacht. Die nachträgliche Anweisung im Druckfehlerverzeichnis, die drei Gruppen geistlicher Gedichte sollten den beiden weltlichen vorangestellt werden, hat die Buchbinder verwirrt; vgl. Hans von Müller (S. 231–234), der sich aufgrund der Titelblätter für die ursprüngliche Ordnung entscheidet, den Obertitel »Blumen« aber nur auf die ersten drei Teile bezieht.

Innerhalb der fünf Teile sind folgende Ordnungsgesichtspunkte zu erkennen: Die »Geistlichen Gedancken« folgen kursorisch den Jesaja-Versen 52,13 bis 53,12. Die anderen vier Teile enthalten eine Reihe selbständiger, hauptsächlich längerer Gedichte zwischen 48 und 290 Versen (ein Weihnachtsgedicht sogar 646), denen in den Teilen 1 bis 3 jeweils eine Gruppe kürzerer Gedichte, zumeist Sonette, nachgeordnet ist. Die längeren Gedichte der »Rosen« (darunter zwei Rollengedichte für Bräute und als bekannteste zwei allegorische Dialoggedichte in der Manier Hoffmannswaldaus) und »Hyacinthen« sind auf zeitgenössische Hochzeiten und Begräbnisse bezogen und nicht chronologisch oder formal, sondern ständisch gestaffelt. Das verhältnismäßig späte Gedicht auf Leopolds I. Vermählung von 1673 erscheint etwa als erstes Epithalamium. Zwischen diesen »Zuruff« und die Hochzeitsgedichte für Freunde sind ein Zyklus von 6 Heroiden um Liebeshändel zweier spanischer Könige und eine Rede der spanischen Selbstmörderin Maria Coronel eingeschoben. Als Eröffnung der »Rosen« gehen dem »Zuruff« drei allgemeinere Gedichte über Blumen voraus, davon zwei aus dem »Arminius«. Die »Hyacinthen« schließen mit einem längeren Vanitas-Gedicht aus dem »Arminius«, der poetologisch wichtigen Logau-Epistel und einem lateinischen Brief von Albert Niclas (1639) über den Tod von Opitz.

Vorherrschendes Versmaß ist wie in den Dramen der Alexandriner. In dem Logau-Brief und der »Wunder-Geburth Unsers Erlösers« als den beiden längsten Gedichten sind die Alexandriner paar-, in den Heroiden und einigen weiteren langen Gedichten ohne Strophengrenzen kreuzweise gereimt. Die meisten langen Gedichte sind jedoch strophisch gegliedert. Der »Lob-Gesang der Blumen-Göttin« (»Rosen«, S. 6) hat Strophen wechselnder Länge und Reimstellung, in den übrigen Gedichten herrschen gleichbleibende Schemata von 6 bis 14 Zeilen je Strophe. Besonders häufig sind Sechs- und Achtzeiler. Von den Sechszeilern haben bis auf einen (»Rosen«, S. 104) alle die Reimstellung AbAbCC (Großbuchstabe = weibliche Endung), von den acht Achtzeilern vier (alle in »Rosen"«) das Stanzenmaß AbAbAbCC. Die drei Gedichte mit zehnzeiligen Strophen (»Rosen«, S. 82 u. 95, »Hyacinthen«, S. 46) zählen jeweils 11 Strophen. In den strophischen Gedichten dominieren kreuz- und rahmengereimte Vierergruppen mit abwechselnd männlichem und weiblichem Reim oder umgekehrt. Paarreim findet sich hier nur am Strophenende. Eine kompliziertere Reimstellung zeigt nur das erste Grabgedicht, das einzige mit ungeradzahliger Verszahl (11) je Strophe. Zu dem Eindruck metrischer Vielfalt trägt außer den Reim- und Strophenformen die gelegentliche Mischung von Alexandrinern mit anderen Versen bei. In etlichen strophischen Gedichten sind ihm fünf- oder auch vierfüßige Jamben beigegeben, in einem Grabgedicht (»Hyacinthen«, S. 60) außerdem drei- und siebenfüßige. Daktylen fehlen, Trochäen sind äußerst selten. Im »Zuruff« (»Rosen«, S. 8) beginnt die vorletzte Zeile jeder Strophe mit einer Hebung. Ausschließlich trochäisch sind nur das jeweils letzte Gedicht der »Himmel-Schlüssel« und »Thränen«. Die kürzeren Gedichte sind zumeist Alexandrinersonette, davon etwa zwei Drittel (einschließlich Nachlaß) mit der Reimstellung abbaabbacddcee (männlich oder weiblich).

L. gibt in der Vorrede seine »Blumen« als Rest von Gedichten aus, die er „in meinen jüngern Jahren theils zu meiner eignen Vergnügung/ theils gutten Freinden zu Liebe gefertigt" habe und deren größerer Teil verloren sei. Er macht auch von den verbliebenen mit affektierter Bescheidenheit „wenig Wercks" und nennt sie als „blosse Neben-dinge" kaum der Veröffentlichung wert, „wenn nur andere nicht meinen Getichten zwar meines Nahmens Uberschrifft gelassen/ selbte aber auf ganz andere Fälle und Personen/ darauf ich nie gedacht/ mit einer mercklichen Veränderung verkehrt; oder gantz frembde Eyer in mein Nest geleget hetten."

GEBAUER (in: L.: »Arminius«, 1731, S. V und XI) lobte die Logau-Epistel ob ihrer opitzischen Klarheit als „herrlich" und „unvergleichlich". A. W. SCHLEGEL (»Kritische Schriften und Briefe«, Bd 4, 1965, S. 71) vermißte bei den Schriftstellern um 1800 L.s Fehler und würde ihnen zu dessen „Aufwand von Scharfsinn" und „Schwung der Fantasie" Glück wünschen. Ansonsten haben Nachwelt und Forschung seinem lyrischen Werk nur wenig Beachtung geschenkt. Es gilt allgemein als „der schwächste Teil seines Schaffens" (JUST in: L.: »Türk. Trauersp.«, 1953, S. XXXIII). Die einzige Gesamtdarstellung hierzu, HELMUT MÜLLERS Dissertation, ist kaum mehr als eine Inhaltsangabe, steckt voller Fehler und Ungenauigkeiten und wurde von Hans von Müller mit Recht verspottet. Die übrigen Arbeiten behandeln nur Teile oder Teilaspekte. – Im Gegensatz zu WENTZLAFF-EGGEBERT, der hinsichtlich der »Thränen« von „einer fast mystischen Jesusverbundenheit" sprach (S. 191), betonen die neueren Veröffentlichungen auch hier den Diesseitsbezug. GER-LING widmete in ihrer Untersuchung bibelgebundener Gedicht-zyklen den »Geistlichen Gedancken« ein eigenes Kapitel, unter-suchte die allegorischen Querverbindungen, die L. von Jesaja zu anderen Schriftstellen zieht, und schloß aus der spielerischen Verwendung der biblischen Exempel, Bilder und sprachlichen Wendungen auf „ein völlig säkularisiertes Verhältnis zur Bibel" (S. 169). MANNACK sah in dem Grabgedicht auf Gryphius (»Hyacinthen«, S. 23) eine Anknüpfung an dessen Leich-Ab-dankung »Flucht menschlicher Tage«, fand aber die Leistungen des Menschengeistes bei L. stärker betont. Ähnlich definierte GILLESPIE das Gedicht als „a hymn to man's divine intelligence" (S. 417). – Anderseits lassen die ohnehin weltlichen Hochzeits-gedichte den galanten Ton Hoffmannswaldaus vermissen. Nach WELTI (S. 127 f.) ist L. in seinen Sonetten „etwas weniger glatt und elegant, dafür im Gehalt etwas besser und bedeutender" als dieser, erfreulich sei seine „beinahe völlige Enthaltung von lü-sternen Gemeinheiten". Laut FILIPPON (S. 60) fehlen in L.s ero-tischer Poesie laszive Wendungen, vielmehr sei sie „accorata, pensosa e mesta". Vielleicht deshalb hat L. das ganz andersar-tige Gedicht »Venus« nicht in seine Sammlung aufgenommen. Anderseits sind die Helden seiner Heroiden nicht wie bei Hoff-mannswaldau sämtlich sympathisch (KATZ); Peter der Grau-same wird ob seiner ehelichen Untreue vielmehr in tragischer Manier „von dem Blitze der ewigen Gerechtigkeit" zerschmet-tert. Die Darstellung des ethischen Rigorismus der Maria Coro-nel, die sich, um ihren sexuellen Wünschen zu entgehen, im 14. Jh. selbst verstümmelte (»Rosen«, S. 45), hat L. schließlich schärfere Entrüstung eingetragen als Hoffmannswaldau seine anzüglichen Galanterien.

Literatur

H. WELTI: Geschichte des Sonettes in der dt. Dichtung. 1884.

G. P. G. ERNST: Die Heroide in der dt. Litteratur. 1901, S. 39–52.

S. FILIPPON: Il Marinismo nella Letteratura Tedesca. Florenz 1910, S. 58–67.

C. SPEYER: Eine literarische Fälschung aus dem Jahre 1693. In: Neue Heidelberger Jbb., N. F. 1926, S. 78–83.

F.-W. WENTZLAFF-EGGEBERT: Das Problem des Todes in der dt. Lyrik des 17. Jhs. 1931, S. 183–192.

M.-O. KATZ (wie S. 39) 1933, S. 12–14.

I. ZIEMENDORFF: Die Metapher bei den weltlichen Lyrikern des dt. Barock. 1933, S. 122–127.

C. L. Brancaforte: D. C. v. L.s Preisgedicht »Venus«. Eine Untersuchung von Text, Struktur, Quellen u. Sprache. Univ. of Illinois 1966. Dissertation Abstracts 27, 1967, S. 3863–3864 A.

W. Naumann: D. C. v. L.: »Umschrift eines Sarges«. In: W. N.: Traum und Tradition in der dt. Lyrik. 1966, S. 124–129.

E. Mannack: Andreas Gryphius. 1968, S. 73 f. (Slg Metzler. 76.)

R. Gerling: Schriftwort und lyrisches Wort. Die Umsetzung biblischer Texte in der Lyrik des 17. Jhs. 1969, S. 126–173.

G. Gillespie: Cosmic vision in L.'s poetry. In: Neophil. 53, 1969, S. 413–422.

b) Daten und Adressaten der »Rosen« und »Hyacinthen«

Das stärkere Interesse für die weltlichen Teile beruht auch auf ihrem biographischen Wert und auf der Existenz abweichender Fassungen zu einigen Gedichten. Die Daten der Hochzeiten und Begräbnisse gibt L. 1680 nicht an. In den Titeln der »Rosen« fehlen überdies die Namen der Brautleute, abgesehen von dem zur Kaiserhochzeit. Aus den Gedichttexten ergeben sie sich nur vereinzelt, unvollständig oder gegen Ende wortspielerisch verschlüsselt. C. Müller (S. 68 f.) und Hans von Müller (S. 221 bis 226) zogen die Alternativfassungen, ersterer auch andere Dokumente heran und ermittelten so einige Daten und Namen der »Rosen« und die meisten Daten der »Hyacinthen«. C. Müller gibt allerdings dreimal den Sterbetag als Begräbnisdatum aus (v. Assig, Machner, Dobricius), wie Vergleiche mit Cunradus und Sinapius zeigen. Die folgende Übersicht faßt die Ergebnisse zusammen und ergänzt sie um mehrere hauptsächlich aus dem Text der »Rosen« gewonnene Informationen. Bei Gedichten mit abweichenden Fassungen ist die Seitenzahl kursiv gesetzt.

Für die »Rosen« lassen sich folgende Personen und Daten nennen: S. 8: Leopold I. und Claudia Felicitas 15. 10. 1673; S. 55: F. v. Roth? (vgl. S. 11); S. 63:Dr. C. Bu(c)kisch und Anna Maria Wolfahrt 16. 10. 1657; S. 73: „Herr Wolff" (vgl. S. 12) am „Tag der Perlen"; S. 82: (Heinrich?) Haupt und das „Priesterkind" Dorilis (Dorothea) (metrisch – und zeitlich? – wie »Rosen«, S. 111); S. 86: Herr Bilizer und „die schöne Schmeissin"; S. 90: die Breslauer Polycharistus und Susanne; S. 95: ein Freund L.s und die Breslauerin Rosine oder Rosa (vgl. vorletzte Strophe; Assig heiratete 1658 in zweiter Ehe Rosina Baumann, die Erbtochter von L.s Buchdruckerei; vgl. Wendt, S. 139. Infrage käme auch Artzats Frau Anna Rosina v. Zangin); S. 99: wohl H. M. v. Goldfuß und L.s zuerst heiratende Tochter (vgl. vorletzte Strophe); S. 104: Christian Vincens und Catharina v. Täbisch 8. 5. 1657; S. 111: Diakon Christoph Albinus (nach Lucae, S. 642, 1645 Schüler des Bres lauer Magdalenengymnasiums) und Martha Kamper Juli 1663; S. 116: L.s Bruder 16. 10. 1668. Die S. 133 besungene Elfenbeinkanne schuf Rauchmüller 1676.

Die Toten der »Hyacinthen« sind zu S. *3*: Elis. v. Bibran † 12. 2., begraben 9. 5. 1660; S. *7*: G. F. v. Artzat † 13. 3., begr. 29. 3. 1665; S. *12*: S. v. Bucher (Pucher) † 23. 4., begr. 1. 5. 1667; S. 18: Andreas v. Assig † 10.5. 1676; S. *23*: A. Gryphius † 16. 7., begr. 27. 7. 1664; S. *33*: Anna Assig † 9. 2. 1658; S. 37: Martha v. Wolf(fs)burg † nicht vor 25. 8. 1657, dem Tag der Geburt ihres Sohnes (Sinapius, Cur., Bd 1, S. 1042); S. *46*: M. Machner † 14. 7., begr. 19. 7. 1662; S. *51*: A. C. v. Artzat † 5. 2. 1675 (Das besungene Grabmal wurde nicht vor Ende 1679 aufgestellt: Nickel, S. 35); S. *55*: C. Scholtz † 23. 1., begr. 29. 1. 1664; S. 60: G. Dobricius † 1. 6. 1660; S. *64* und *65*: L.s Mutter † 5. 5. 1652. Zur Datierung der Logau-Epistel (S. 76) vgl. S. 9.

Die meisten dieser Gedichte stammen aus den Breslauer Rechtsanwaltsjahren 1657–1668.

c) *Die abweichenden Fassungen zu den »Rosen« und »Hyacinthen«*

Die Alternativfassungen der »Hyacinthen« sind sämtlich frühere Sonderdrucke zu den Begräbnissen. Hans v. Müller bemerkt zu vier Gedichten (S. 3, 7, 12, 46) stereotyp, sie seien „anscheinend ohne wesentliche Änderungen" in die »Hyacinthen« übernommen. Auch das Gryphius-Gedicht blieb, wie er (S. 212) richtig vermutet, „im wesentlichen unverändert". Das Scholtz-Gedicht (S. 55) ist „ohne wesentliche Änderungen wiederholt, doch sind nach Str. 6 vier neue Strophen eingeschoben". Das Gedicht auf Frau Assig ist „umgestellt und verändert". Die beiden kurzen Gedichte zum Tod seiner Mutter hat L. stellenweise überarbeitet.

Viel stärker griff er bei den »Rosen« ein. Abgesehen von dem frühen Sonderdruck des Bukisch-Gedichts (S. 63) und zwei Handschriften (zu S. 63 und 104), sind wir hier auf die Neukirchsche Sammlung (NS) angewiesen. Daß sie frühe Fassungen mit verhältnismäßig geringfügigen Veränderungen enthält, blieb bisher unbemerkt. Man hielt die Abweichungen von den »Rosen« vielmehr für nachträgliche Entstellungen Fremder, besonders Neukirchs selber. Dieser leistet dem Mißverständnis Vorschub, wenn er in der Vorrede zu Band 1 schreibt, er habe sich „die Kühnheit genommen/ sowohl in den Hoffmannswaldauischen sachen/ als auch in der Venus des Herrn von Lohenstein/ dasjenige/ was unrecht geschrieben war/ zu verbessern/ das ausgelassene zu ersetzen/ und etliche hohe gedancken/ so sie vielleicht ihrer damaligen jugend wegen nicht recht bedacht/ in Ordnung zu bringen". HELMUT MÜLLERS Schluß (S. 185 f.), für *alle* Abweichungen sei Neukirch (bzw. der Herausgeber des jeweiligen Bandes der NS) verantwortlich, geht auf jeden Fall zu weit. Auch GEBAUER (S. XVII) hatte an spätere Entstellungen geglaubt. Die Verwandlung von Anreden in Formen der 3. Person einem allgemeineren Lesepublikum zuliebe, die Ausmerzung von Wortwiederholungen und andere stilistische Verbesserungen sowie die der »Cleopatra«-Zweitfassung entsprechende Erweiterungstendenz zeigen allerdings die wahre Entwicklungsrichtung an.

Zu den einzelnen Gedichten gilt Folgendes:

S. 63 (Bukisch): Der Sonderdruck von 1657, der später „völlig umgearbeitet" wurde (HvM, S. 222 f.), war mir nicht zugänglich. Er dürfte der NS (IV 147) entsprechen. Zumindest kehrt sein von den »Rosen« abweichender Titel dort wieder. Die NS hat 40 statt 36 Strophen. Die acht aktuellen Schlußstrophen fehlen 1680, die Strophen 21–22 sind auf 21–26 erweitert. Völlig verändert erscheinen 13 und 19, starke Eingriffe zeigen 4, 11, 13 und 30 (Zählung nach »Rosen«). Mehrere Wortwiederholungen innerhalb einer Zeile sind 1680 ausgemerzt, z. B. Str. 20, Vers 1: „Die Rosen tilgt (NS: frißt) ein Wurm/ den Purpur frißt die Schabe". Ähnlich 6,6 und 7,1. Eine vierte Fassung in der Dresdener Handschrift M 216 bietet laut Hübscher den kürzeren Text (wie »Rosen«?).

S. 82 (Haupt): Der Zusammenhang mit NS III 140 (Neuausgabe: 155) wurde bisher nicht erkannt. „Herr Haupt" ist dort nicht genannt, das „haupt-gut" in der viertletzten Zeile spielt nur auf ihn an. Die Braut heißt noch Dorilis statt später Dorothea. Statt der sonst üblichen Umformulierungen, Einschübe und Umstellungen änderte L. 1680 das ganze Strophengefüge. Aus 9 Strophen mit 12 Versen von 4–6 Jamben (gereimt aBaBcDDceFFe) machte er 11 mit 10 Versen von 5–6 Jamben (ababCCdEdE). Die NS-Fassung stimmt in Versmaßen, Reimschema und Strophenzahl genau mit dem Albin-Gedicht (S. 111) überein, zu dem sie auch stilistisch und wohl auch zeitlich paßt. In den »Rosen« sind die ursprünglichen Formulierungen kaum wiederzufinden. Anstelle der verhältnismäßig direkten Ausdrucksweise mit umgangssprachlichen Floskeln und vielen realistischen Vergleichen und Exempeln wird der Ton jetzt sinnreich-gewählt und sentenziös und die gelehrten Exempel der antiken Mythologie schieben sich nach vorn.

S. 104 (Vincens): C. Müller (S. 69) wies hierzu eine handschriftliche Urfassung nach, „wichtig als Zeugnis, wie L. zur Ausgabe von 1680 seine früheren Werke umgearbeitet hat". Vgl. S. 22.

S. 111 (Albin): nach Gebauers Äußerung (S. XVI) aus Versehen unter die unveröffentlichten Gedichte der NS (I 108) aufgenommen. Außer dem Titel sind nur wenige Wörter anders, darunter zwei Anredeformen der vorletzten Strophe, die 1680 in die 3. Person rückten.

d) Die Fassungen der ersten vier Heroiden

Von L.s sechs Heroiden oder Heldenbriefen haben die letzten beiden, die die Liebesaffäre des spanischen Königs Philipp II. mit der Fürstin Eboli behandeln, das von Hoffmannswaldau eingeführte Maß von je 100 Alexandrinern. Die ersten vier (»Rosen«, S. 18–37) überschreiten mit 120, 116, 104 und 136 Versen diese Norm. Hier geht es um Peter den Grausamen von Kastilien, der seine Gemahlin Blanca von Bourbon kurz nach der Hochzeit verstieß, um 1354 die Witwe Johanna de Castro zu heiraten, wenig später mit dieser genau so verfuhr und sich wieder seiner Geliebten Maria de Padilla zuwandte. Aber auch hier lassen die Abfolge von Männer- und Frauenbrief und der untergeordnete Stand der erotisch aktiven Frau (de Castro) das Muster des älteren Freundes erkennen.

Zu diesen vier Briefen bietet die NS (VI 3–15) eine Fassung von 100, 104, 100 und 100 Versen, die sich auf einen zeitgenössischen deutschen Skandal bezieht. Karl Ludwig von der Pfalz (1617–80), seit 1648 Kurfürst, Vater der berühmten Liselotte, verstieß 1657 deren Mutter Charlotte von Hessen, um ihr achtzehnjähriges Hoffräulein Maria Susanna Luise von Degenfeld zur linken Hand zu heiraten. Diese gebar ihm acht Kinder und starb anläßlich einer Schwangerschaft 1677. Zwei Briefe der NS sind dem Kurfürsten, die anderen den beiden Frauen in den Mund gelegt. Konfliktstoff ist die bevorstehende Eheschließung mit der „magd" und der Scheidebrief an die bisherige Gemahlin. Gebauer (S. XVII) sah in dieser Fassung eine der Verfälschungen, gegen die sich L. in der »Blumen«-Vorrede wehrt. Auch die von SPEYER ohne Kenntnis der NS ins Gespräch gebrachte Fälschung von 1693 (vgl. S. 19), die nach seinen Angaben 1730, 1735 und 1824 in andere Bücher übernommen wurde, hat die Pfälzer Affäre zum Gegenstand und entspricht in Text und Umfang der NS. Nur fließen in Brief IV nach Vers 12 16 spanische »Rosen«-Alexandriner ein. Speyer deutete diesen Druck als Werk eines raffinierten Fälschers, der die spanischen Heroiden auf den aktuellen Pfälzer Skandal bezogen, dem berühmteren Hoffmannswaldau zugeschrieben und auf dessen Maß gestutzt habe. Nur bei dem letzten Brief sei ihm dies nicht mehr möglich gewesen, „er hätte denn dem L.'schen Urtext zu sehr Gewalt antun müssen" (S. 81). Daß Brief II 104 Verse zählt, übersah Speyer. Schließlich fand ich in dem Detmolder L.-Band D 571 (vgl. S. 22) noch eine dritte, handschriftliche Fassung mit der kürzeren Pfälzer Version und dem Umfang der NS-Fassung.

Diese drei Fassungen repräsentieren in Wirklichkeit ebenso eine frühere Bearbeitung L.s wie die Alternativfassungen der NS zu den anderen »Rosen«-Gedichten. Hoffmannswaldaus maßgebende Heroiden sind 1663 anzusetzen. Es ist gut denkbar, daß L. sich um diese Zeit anhand der Pfälzer Ereignisse – 1661 hatte Charlotte von Hessen den Kaiser vergeblich um ein Eingreifen bemüht – in der neuen Gedichtform versuchte und erst später das Ergebnis, ähnlich wie Hoffmannswaldau seine eigenen Heldenbriefe, durch einen historischen Parallelfall tarnte und dabei erweiterte. Daß die kürzeren Fassungen keine Namen enthalten (mit Ausnahme des spanischen Einschubs von 1693), sondern auf die Rollen der Beteiligten, wenn auch unverkennbar, nur anspielen, erleichterte die Umstellung.

Die Namen in den Überschriften der Kurzfassungen erscheinen als zu starke Verdeutlichung und sind wohl wirklich fremde Zutat. So gesehen, bezöge sich L.s Polemik weniger auf die Verfälschung als auf die Aufdeckung seiner geheimen Absicht. 1680 sind die Rollenbezeichnungen verändert. Aus dem Fürst wird gelegentlich ein König (NS: II 74, »Rosen«: II 86), aus der Fürstin eine Königin (II 85/97), die den Ehefrieden störende „magd" bzw. das „mägdgen" („mägdlein") oder gar der „balg" macht dem „Weib" Castria Platz (II 48/56, 55/63, IV 58/100). Die scharfe Antithetik von Magd und Fürstin geht vor allem n der ursprünglichen Schlußsentenz verloren: „Wer andre Weiber (NS: geile mägde) liebt/ ist seines Weibes Hasser" (IV 99/127). J. C. Männling (²1719) und J. G. Hamann (1737) zitieren jeweils in ihrem »Poetischen Lexicon« unter dem Artikel „Ehebrecher" die Urfassung dieses Verses. Schließlich werden aus den „pflantzen unsrer eh" (IV 45) „Mein Sohn/ Fürst Heinrich" (IV 61), aus dem Rhein der spanische Fluß Anas (III 86/90), aus Deutschland Spanien (IV 67/99). Auffälliger sind die mehrmalige Umstellung benachbarter Verspaare (III 29–32/41–44, IV 41–44/57–60, 57–60/89–92), wobei in einem Fall der vorhergehende Reimanschluß verloren geht (IV 56 „Bestand", früher „gäscht", korrespondiert mit 54 „ausgelescht"), der Ausfall von je vier Versen nach III 48/60 und 68/76, besonders aber der Einschub bzw. die Umwandlung folgender »Rosen«-Partien: I 17–20, 25–28, 57–60, 105–112, II 17–20, 37–40, 81–84, III 25–40 statt 4 Versen, IV 13–18, 69–88 statt 4 Versen, 105–112 statt 12 Versen, 129–136. Diese Stellen wirken aufgesetzt, weil sie an den Grenzen größerer Sinnabschnitte einrasten und weil sich hier im Gegensatz zu dem namenlosen Urtext bzw. den an Namen armen späteren Entsprechungen die spanischen Namen häufen. Während der Urtext des ersten Briefpaars 1680 im wesentlichen erhalten blieb, ist im zweiten die Einpassung der neuen Teile mit einer stärkeren, auch stilistischen Überarbeitung verbunden. Alles in allem erscheint die spanische Version als allzu gewolltes Dementi, das die erkannte und dem nunmehrigen Breslauer Obersyndikus sicherlich peinliche Polemik gegen den noch lebenden Kurfürsten abfangen soll. Karl Ludwig starb wenige Monate nach dem Widmungsdatum der »Rosen« am 28. 8. 1680. Charlotte von Hessen überlebte ihn unversöhnt.

Ein authentischer Urtext läßt sich aus den drei kürzeren Fassungen nicht genau rekonstruieren. Am zuverlässigsten erscheint noch die NS. Die Fälschung von 1693 weist grobe, vor allem auch metrische Entstellungen auf. In der von mehreren sich abwechselnden Schreibern offensichtlich nach Diktat gefertigten Detmolder Handschrift finden sich Hör-, Lese- und andere Flüchtigkeitsfehler. Der Vergleich der Fassungen, der im einzelnen einer kritischen Ausgabe überlassen bleiben muß, ermöglicht hauptsächlich die Bestimmung der von L. 1680 vorgenommenen Änderungen und eine gewisse Isolierung der für die NS vorgenommenen Eingriffe, und zwar dort, wo die »Rosen« bzw. die NS jeweils allein gegen die drei anderen Fassungen stehen. So änderte L. „stracks" in „bald" (I 92/104), „trau-ring" in „Treu-ring" (I 81/93), „vor tausend lust" in „wie ein paar Reh" (II 58/66), der Herausgeber des NS-Bandes dagegen „dis Wort" in „das wort" (I 14) und „regt" in „reitzt" (II 60/68). Auch bei vertauschter Wortstellung steht die NS häufiger allein (I 53/65, 92/104, II 51/59, III 38/50, 59/67). Im übrigen herrschen komplizierte Abhängigkeitsverhältnisse, die auf ein Geflecht weiterer Fassungen hindeuten und die Erstellung eines Stemmas fast unmöglich machen. Für „entspringt/ mein Licht" (I 16) etwa hat die NS „entsteht, mein licht!", die Detmolder Handschrift und – nur ohne Kommata – auch die Fälschung von 1693 „entspringt, mein Kind," An anderen Stellen kommt es zu anderen Gruppierungen.

Literatur
Vgl. S. 18 und S. 54.

4. Übersetzungen

»El politico D. Fernando el catholico«, eine Schrift über den spanischen König Ferdinand den Katholischen als Typus des klugen Politikers, hatte der Moralist BALTASAR GRACIÁN unter dem Namen Lorenzo Gracián 1640 veröffentlicht. L. widmete die Übersetzung am 22. 9. 1672 Georg Wilhelm, der in diesem Jahr Herzog geworden war, zu seinem 12. Geburtstag. G. STOLLE (»Anleitung Zur Historie der Gelahrtheit«, 1736, S. 757) notiert zu L.s Version, „daß sie so kurtz und deutlich ist, als das *Original* selbst, sie ist auch vollkommen gut teutsch".

Etliche kurze Übersetzungen, zumeist von Versdichtungen, sind über mehrere Werke verstreut. In den Anmerkungen zu den Trauerspielversen »Cleop.« [2]I 474, »Agr.« V 721, »Epich.« I 480, »Sophonisbe« I 366, II 198, 461, 516, III 196, IV 104 überträgt L. kurze Texte aus dem Griechischen, zu »Agrippina« III 404 und »Sophonisbe« V 140 aus dem Lateinischen, zu Beginn der »Agrippina«-Anmerkungen und zu »Agrippina« II 544 aus dem Italienischen. Andere Anmerkungszitate aus diesen Sprachen sowie alle französischen und spanischen läßt er unübersetzt. Die Anmerkung zu »Sophonisbe« II 511 enthält seine Übertragung des Prologs von GUARINIS »Pastor fido«, die später auch den Übersetzungen dieses Schäferspiels von Hoffmannswaldau und Abschatz beigedruckt wurde.

Im Rahmen der Lyrik-Sammlung von 1680 finden sich mehrere Übertragungen von kurzen Gedichten, zumeist Sonetten, aus dem Italienischen, und zwar von GUARINI und PETRARCA in den »Rosen«, von CLAUDIO ACHILLINI und MARINO in den »Himmel-Schlüsseln«. Marino ist auch in der Nachlaßsammlung von 1685 vertreten. Der Titelbeitrag dieses Nachlasses, »Der Erleuchtete Hoffmann«, eine Auftragsdichtung von 356 Alexandrinern über die Bekehrung eines Höflings an einem Karfreitag, ist aus dem Französischen übersetzt. Der Dichter des Originals wurde noch nicht nachgewiesen.

5. Lobreden

Georg Wilhelm, der letzte Piastenherzog, starb fünfzehnjährig im Nov. 1675. Die Leichenfeier fand am 30. 1. 1676 in Brieg statt. STOLLE, der unter den Deutschen Caspar Neumann als geistlichem, L. als politischem Redner den ersten Platz einräumt, hält seine »Lob-Schrifft« auf den Herzog (vgl. S. 20) für „so gemacht, daß ich mich nie was dergleichen gelesen zu haben erinnern kan". Die Vorrede zum Zerbster Nachdruck nimmt auf Stolle Bezug. Nach SZAROTA, die L.s „Slawen- und Polensympathie" (S. 151) betont, folgt er mit seiner Darstellung der Piastengeschichte den »Annales seu Cronicae Incliti Regni Poloniae« des JOANNES DLUGOSSIUS (1415–1480).

Die Rede zu Hoffmannswaldaus Begräbnis (vgl. S. 20) ist das wichtigste Dokument zu dessen Biographie. JOHANN HÜBNER (»Kurtze Fragen aus der Oratoria«, 1701, S. 288 f.) zitierte einen Auszug als „Probe von dem so genannten Schlesischen Stylo". V. M. wertete sie als Zeugnis eines verderbten Geschmacks, den nur noch die Älteren gut fänden.

Stolle verweist auf weitere Lobreden im »Arminius«.

Literatur

G. STOLLE: Anleitung Zur Historie der Gelahrtheit. 1736, S. 145 f.

Dan. Casp. von Lohensteins und Johann von Bessers Meister-Stücke Der Rede-Kunst. Nebst George Rudolph von Kayns Reden. Zerbst 1739, Vorrede zu L.s Rede.

V. M.: Critische Anmerkungen über D. C. von Lohenstein Lobrede bey des ... Herrn Christians von Hofmannswaldau ... Leichenbegängnisse gehalten. In: Beyträge Zur Critischen Historie Der

Deutschen Sprache, Poesie und Beredsamkeit, hrsg. von Einigen Mitgliedern der Deutschen Gesellschaft in Leipzig. 1732, Stück 3, S. 496–526.
E. M. Szarota (wie S. 68) 1970, S. 139–147.

6. »Arminius«

Diese „Staats- Liebes- und Helden-Geschichte" knüpft formal an den heroisch-galanten Roman der Franzosen an, der seinerseits mit dem kennzeichnenden Einstieg in medias res und den später durch Zweiterzähler nachgetragenen Vorgeschichten die Tradition des spätgriechischen Romans (Heliodor) fortsetzt. Madeleine de Scudéry hatte diese Gattung zum Staatsroman erweitert. Den Roman »Cleopatre« von LA CALPRENÈDE, in dessen beiden letzten Bänden Arminius mit einer Braut Ismenie auftritt, hat L. anscheinend gekannt (vgl. SPELLERBERG, S. 217, 240–246, 249 f. und ASMUTH, S. 181). Er nennt die Schwester des Arminius Ismene. Die patriotische Tendenz reiht sein Werk eher in die deutsche Tradition ein. Die beste Übersicht über die älteren Bearbeitungen des Stoffes bietet RIFFERT; vgl. auch HOFMANN-WELLENHOF, den Arminius-Artikel von E. FRENZEL (»Stoffe der Weltlit.«, 1962) und HANSEN. Auf L. fußen die Arminius-Dichter des 18. Jhs., bes. Wieland und Klopstock; vgl. dazu MUNCKER bzw. SCHEEL.

1673, als L., von der Zweitbearbeitung der afrikanischen Trauerspiele abgesehen, sein letztes Drama abschloß, wurde die knappe »Historia Arminii Germanorum contra Romanos Ducis« des GEORG SPALATINUS von 1535 im »Schardius redivivus«, einer Sammlung zur germanischen Frühgeschichte, neu gedruckt. L.s vermutlicher Anschluß an Spalatinus (vgl. ASMUTH, S. 155 f.) und die allegorische Behandlung der holländischen Wirren um Jan de Witt von 1672 in Buch I 4 (vgl. VERHOFSTADT, 1964, S. 105 ff.) sprechen dafür, daß der Roman kein Lebenswerk, sondern die Frucht von L.s letztem Jahrzehnt ist. Laut »Vorbericht an den Leser« hat er ihn neben seiner beruflichen Arbeit und besonders auf dem Gichtbett geschrieben. 1680 war das Werk zumindest halb fertig, wie die Gedichte aus dem 5. und 9. Buch in den »Blumen« zeigen. Bei L.s Tod fehlte nur das letzte der 18 Bücher (II 9), das nach vergeblichen Versuchen des Bruders Hans (vgl. PFEIFFER, S. 100 f., und GEBAUER, S. XVIII) der Leipziger Prediger Dr. CHRISTIAN WAGNER (1663–1693) ergänzte.

Die dem Roman beigegebenen »Allgemeinen Anmerckungen«, noch immer die wichtigste Interpretation, betonen einen dreifachen Zweck. L. habe nicht nur eine Liebesgeschichte um Arminius schreiben wollen, sondern auch eine patriotische und didaktische Absicht verfolgt. Diesen Zielen lassen sich die Gegenstände zuordnen.

Die Geschichte des Cheruskers Arminius rankt sich um seine drei Kriege gegen die Römer Varus und Germanicus und den Markomannen Marbod. Am ausführlichsten sind wir über die Kämpfe mit Germanicus informiert, und zwar durch die Bücher 1 und 2 der »Annalen« des TACITUS. In die Hauptfabel um Arminius, die den Roman mit mancherlei Unterbrechungen durchzieht, bringt L. das historisch Überlieferte einigermaßen wahrheitsgetreu ein, gehorcht jedoch zugleich dem Gesetz des Liebesromans, daß „die Haupt-Person an Tugenden und Helden-Thaten/ nicht weniger als treuer Liebe/ vollkommen seyn muß" (»Allg. Anm.«, S. 4). Im übrigen erscheint die Komposition der Fabel als eine Art Concetto in Großformat, das real Verschiedenes sinnreich zusammenzwingt.

Die erste Romanhälfte, die nur wenige Wochen umfaßt und im Gebiet der Cherusker spielt, ist durch die unhistorische Verbindung der Varusniederlage (I 1) mit Herrmanns Hochzeit (I 8–9) geprägt, die so als Lohn des Siegers erscheint. Die Tage zwischen diesen flankierenden Ereignissen sind mit Erzählungen teils privater Abenteuer, teils aktueller Staatsgeschichten ausgefüllt. Das dritte Viertel (II 1–5), das die Jahre zwischen der Varusschlacht und den Feldzügen des Germanicus überbrückt, steht im Zeichen eifersüchtiger Verwicklungen. Hier macht L. den Hessen Adgandester, den Tacitus als zum Giftmord an Arminius bereiten Römerfreund nur einmal erwähnt, zum Hauptintriganten. Vor allem aber knüpft er hier die Liebesbeziehung zwischen den Arminius-Geschwistern Flavius und Ismene und den Armeniern Erato und Zeno, von denen Tacitus unabhängig vom Germanenkrieg im »Annalen«-Buch 2 berichtet. Den durch das annalistische Prinzip bedingten darstellerischen Zusammenhang verwandelt L. also in einen wirklichen Kontakt. Zu diesem Zweck hat er die Orientalen als Gefangene der Varusschlacht in den Roman eingeführt. In den Büchern II 6 und 7 beschreibt er in weitgehend wörtlicher Anlehnung an Tacitus (vgl. Asmuth) die Germanicus-Feldzüge von 14–16 n. Chr., um dann in breiter Form auf die Darstellung des Krieges gegen Marbod zuzusteuern. Die Verwandlung von Herrmanns historischem Tod in ein glückliches Ende in II 9 – er wird in Prag König der Markomannen und überläßt seinem Bruder die Cheruskerherrschaft –

dürfte als gattungsüblich seinen Absichten entsprechen; vgl. CHO-
LEVIUS (S. 312), vorsichtiger GEBAUER (S. XXXIV). Im einzelnen
allerdings weicht Wagners Schlußbuch von L.s Art ab. Zu den
sprachlichen, z. T. dialektgebundenen Besonderheiten vgl. GE-
BAUER (S. LV) und JACOB (S. 143–149), zu den strukturellen
ASMUTH (S. 177). Die beiden Romanhälften sind, wie die War-
schauer Germanistin SZAROTA (1970, S. 433 f.) nachgewiesen hat,
parallel konzipiert. Die Vorgeschichten der ersten erscheinen auf
das Hauptgeschehen der zweiten Hälfte ausgerichtet. In Buch I 4
etwa tritt Flavius auf und erzählt seine afrikanischen Abenteuer, in II 4 verläßt er die Partei seine Bruders; in I 8–9 und
II 8–9 werden Hochzeiten gefeiert. Die im barocken Analogie-
denken wurzelnde Tendenz zu korrespondierender Doppelung,
wie sie im kleinen die Zweierformeln, im großen das Aktgefüge
von L.s Trauerspielen bestimmt, gibt also auch seinem »Arminius« das Gepräge. Außerdem macht Szarota (S. 427–433) auf
Querverbindungen innerhalb jeder Hälfte aufmerksam, die bes.
die Bücher 1–2 und 7–8 rahmenartig verknüpfen. Dieses sym-
metrisch-statisch anmutende Modell ist freilich um das zumindest in der zweiten Hälfte wirksame Prinzip der Verwick-
lungssteigerung zu ergänzen. Inhaltsübersichten bieten Cholevius
und Asmuth, noch ausführlicher sind die den einzelnen Roman-
büchern beigegebenen Verzeichnisse.

Laut »Vorbericht« wurde L. von hohen Standespersonen und
andern Freunden um ein deutsches Heldenepos gebeten. Daß der
»Arminius« „zum Lobe des Vaterlandes" geschrieben ist, sicherte
ihm auch im 19. Jh. im Gegensatz zu den Trauerspielen einen
gewissen Respekt. Hieran entzündete sich auch die spezielle »Arminius«-Forschung. Allerdings kehrte LAPORTE den Spieß um
und warf dem Autor Geschichtsklitterung vor, weil er die römischen Quellen zu einer germanischen Gegengeschichte umge-
schrieben habe. WEHRLI wies demgegenüber auf die Fiktionalität
des Romans hin.

Die patriotische Tendenz zeigt sich bei der Behandlung der
Taciteischen Texte, besonders aber in der Zurückführung aller
größeren weltgeschichtlichen Ereignisse auf germanische Initia-
tiven im Rahmen der eingestreuten Zweiterzählungen. Die in
allegorischer Verkleidung einbezogenen politischen Ereignisse
der neueren Zeit sind vorwiegend auf Österreich zugeschnitten.
Der Bericht über die Vorfahren des Arminius in I 2 ist eine ver-
steckte Geschichte des habsburgischen Kaiserhauses. Leopold I.
erscheint so als zweiter Herrmann. Nicht nur in den Zweiterzäh-

lungen, sondern auch im Bereich der Haupthandlung wird der
»Arminius« ähnlich wie andere heroisch-galante Werke vor ihm
zum Schlüsselroman. Nicht üblich war dagegen die von VERHOF-
STADT so genannte allegorische Verschiebung, an der Spätere
besonders gern Anstoß genommen haben. Die schwedische Königin Christina tritt etwa als Canistria, Tirchanis, Thinacris und
Vocione auf. Andererseits bedeutet Marbod mal Cromwell, mal
Karl Gustav von Schweden, mal nur sich selbst (vgl. die »Allgemeinen Anmerckungen«).

Die Rezensenten von 1689 loben weniger den Erfindungsreich-
tum und den vaterländischen Wert als die ungeheure Gelehrsamkeit des »Arminius«, in den alles Wissen der alten und neuen
Zeit eingeflossen sei (»Acta erud.«, S. 289 f.). Das entspricht der
wissenschaftlichen Tendenz ihrer Blätter, doch kommt das Werk
diesem Urteil entgegen. Es sprengt nicht nur – durch Hinein-
nahme von Gedichten und Theaterstücken – die Gattung des
Romans, sondern überschreitet durch politisch-moralische Pro-
blemdispute, einen blumigen Fürstenspiegel (II 5), naturwissen-
schaftliche Referate und durch die breite Berücksichtigung historischer Fakten auch die Grenze von der Belletristik zum Sach-
buch. EICHENDORFF (Gesamtausgabe, Bd 4, 1958, S. 102) nannte
diesen und ähnliche Barockromane „toll gewordene Realenzy-
klopädien". Die ungewöhnliche Mischung von Realität und Fiktion begründet mehr als die von Roman und Patriotismus die
Originalität wie die Fragwürdigkeit des »Arminius«. Vielleicht
wollte L. der Forderung des Franzosen HUET genügen, der in
seinem »Traité de l'origine des romans« (1670) die Belehrung als
obersten Zweck eines guten Romans hingestellt und die Unter-
haltung nur als täuschenden Nebenzweck zugelassen hatte, weil
sie den Widerwillen gegen die Belehrung auszuschalten vermöge.
Der anonyme »Vorbericht« unterstellt L. jedenfalls unter deutlicher Anspielung auf Huet die gleiche Absicht. Auch die »Allgemeinen Anmerckungen« bezeichnen das Erdichtete als „ein Blend-
werck notwendiger und ernsthaffter Wissenschafften" (S. 6).
Der Belehrung dient auch das der patriotischen Absicht scheinbar widersprechende universalhistorische Konzept. SZAROTA
(1970, S. 162 ff.) erklärt es ohne zwingenden Nachweis mit dem
Einfluß der (von L. auch zu seinen Trauerspielen herangezo-
genen) »Arca Noae sive historia imperiorum et regnorum a con-
dito orbe ad nostra tempora« (1666) des Leidener Professors
GEORG HORN, in der sie „die erste nicht heilsgeschichtlich orien-
tierte Universalgeschichte" sieht. Überzeugender führt sie

(S. 185 ff.) die Behandlung der chinesischen und tartarischen Geschichte in Buch I 5 auf MARTINO MARTINIS »Sinicae Historiae
Decas Prima« (zuerst 1643) und »De bello Tartarico Historia«
(1654) zurück.

Daß L. nicht nur seine Gelehrsamkeit anbringen möchte, sondern sich auch methodisch danach richtet, sah zuerst THOMASIUS.
Ihm gefiel „die Art und Weise/ daß der Herr von Lohenstein
mehrentheils/ nachdem er eine Sache auff beyderley Recht erwo-
gen/ nichts *determiniret,* sondern dem Leser dasselbige zuthun
überläst"(S. 668). GEBAUER (S. XXXIX f.) wandte sich gegen
Leser, die darüber unzufrieden sind, daß man so selten L.s eigene
Meinung erkennen könne, und erklärte das aus L.s „augenschein-
licher Liebe zu der zweiflenden Lehrart". An der Unentschieden-
heit der Streitgespräche hat sich auch die jüngste »Arminius«-
Forschung entzündet. VERHOFSTADT meint, L. komme es „auf
den Genuß der bewegungsvollen Gedankenentwicklung" an (S.
137). Stichhaltiger wirkt die Erklärung von KAFITZ. Angeregt
durch den beiläufigen Hinweis GÜNTHER MÜLLERs auf die Disputation als spezifische Aufbauform dieses Romans, geht er von
den zeitgenössischen Rezensionen, besonders des Thomasius, aus,
bringt die undogmatischen Streitgespräche mit den didaktischen
Bestrebungen der Voraufklärung, bes. mit DESCARTES' Prinzip
des Zweifels (vgl. dazu auch SZAROTA, 1970, S. 265–283), in
Zusammenhang und stellt so die bisher einhellige Zuordnung
zur barocken Geisteswelt infrage.

Soviel zu den drei Zwecken, in deren Umkreis die Forschung
bisher im wesentlichen verblieben ist. Mit keinem von ihnen
recht zu fassen ist die Schilderung der Hochzeiten und anderen
höfischen Feste, in deren Zusammenhang L. die literarischen
Einlagen anbringt, die den Zeitgenossen besonders gefielen. Thomasius (S. 683) lobt vornehmlich den szenischen Blumenstreit
in I 9. Hier bietet sich ein Feld für weitere Untersuchungen.
Über die Bewertung im 18. Jh. vgl. S. 70 ff.

Literatur

Acta eruditorum (Leipzig), Mai 1689, S. 286–290, und Juni 1690,
    S. 271–276.
W. E. TENTZEL (Hrsg.): Monatliche Untersuchungen einiger guten
    Freunde von allerhand Büchern und andern annehmlichen Geschich-
    ten (Leipzig) 1, 1689, S. 510–520, und 2, 1690, S. 504–509.
C. THOMAS[IUS]: Freymüthige Jedoch Vernunfft- und Gesetz-mäßige

Gedancken Uber allerhand/ fürnemlich aber Neue Bücher Durch alle zwölff Monat des 1689. Jahrs. Halle 1690, S. 646–686.

G. HEIDEGGER: Mythoscopia Romantica: oder Discours von den so benanten Romans. 1689; Nachdruck 1969.

N. H. GUNDLING: Neuer Unterredungen dritter Monat oder Martius, darinnen so wol schertz- als ernsthafft über allerhand gelehrte und ungelehrte Bücher und Fragen freymüthig und unpartheyisch raisonniret wird. 1702, S. 255–271.

M. C. LAURENTIUS: Monumenta Romanorum in Thuringia. 1704, S. 60.

C. SCHRÖTER: Gründliche Anweisung zur deutschen Oratorie nach dem hohen und Sinnreichen Stylo Der unvergleichlichen Redner unsers Vaterlandes, besonders Des vortrefflichen Herrn von Lohenstein in seinem Großmüthigen Herrmann und andern herrlichen Schrifften. 1704.

DERS.: Politischer Redner, Welcher aufs deutlichste zeiget, wie man die in dem sinnreichen Arminio des berühmten Herrn von Lohensteins enthaltene vortreffliche Staats-Regierungs-Kriegs-Lebens- und Sitten-Regeln, Samt andern denckwürdigen Begebenheiten zu allerhand gelehrten Discursen, wie auch mit leichter Mühe und Arbeit zu allerhand Politischen, Vornemlich Zu Lob-Trauer-Hochzeit- und Glückwünschungs-Reden appliciren ... kan. 1714.

J. C. MÄNNLING: Arminius enucleatus. 1708.

RUBEEN [= J. J. BODMER]: 14. Discours. In: Die Discourse der Mahlern 3, 1722, S. 105–112.

G. C. GEBAUER: Vorrede zur neuen Auflage. In: D. C. v. L.: Großmüthiger Feld-Herr Arminius. 1731, S. I–LVI.

Neue Zeitungen von Gelehrten Sachen (Leipzig), 1731, S. 527f. [= Rez. zur 2. Auflage].

G. STOLLE (wie S. 61) 1736, S. 244–246 und 253.

J. J. BREITINGER (wie S. 50) 1740, S. 163 f.

M. MENDELSSOHN: Antheil an den Briefen, die neueste Litteratur betreffend. 313. Brief. In: M. M.: Ges. Schriften. Bd 4. Abt. 2. 1844.

L. CHOLEVIUS: Die bedeutendsten dt. Romane des 17. Jhs. 1866; Nachdruck 1965, S. 313–408.

J. E. RIFFERT: Die Hermannsschlacht in der dt. Literatur. In: Herrigs Archiv 63, 1880, S. 129–176 und 241–332.

F. BOBERTAG: Geschichte des Romans und der ihm verwandten Dichtungsgattungen in Deutschland, 1. Abt., 2. Bd, 1. Hälfte. 1881, S. 179 bis 256.

F. MUNCKER: Einleitung. In: C. M. WIELAND: Hermann. 1882.

P. v. HOFMANN-WELLENHOF: Zur Geschichte des Arminius-Cultus in der dt. Literatur. 1887/88 (2 Hefte).

W. SCHEEL: Klopstocks Kenntnis des germanischen Alterthums. In: Vjs. für Litteraturgeschichte 6, 1893, S. 186–212.

L. LAPORTE: L.s »Arminius«. 1927; Nachdruck 1967.

G. MÜLLER: Barockromane und Barockroman. In: Literaturwiss. Jb. der Görres-Ges. 4, 1929, S. 1–29.

P. Hultsch: Der Orient in der dt. Barockliteratur. 1936, S. 57–61.

M. Wehrli: Das barocke Geschichtsbild in L.s Arminius. 1938.

O. Woodtli: Die Staatsräson im Roman des dt. Barocks. 1943.

H. Jacob: L.s Romanprosa. 1949 [Masch.].

W. Hansen: Lippische Bibliographie. 1957, Sp. 1466–1492.

E. Verhofstadt: Politieke en filosofische thema's in een 17e-eeuwse roman. Een interpretatie van Lohensteins Arminius. In: Handlingen van de Zuidnederlandse Maatschappij voor Taal- en Letterkunde 16, 1962, S. 411–421.

Ders. (wie S. 31) 1964, S. 65–142.

E. M. Szarota: Vielschichtige Tradition und schöpferische Gestaltung in L.s Arminiusroman. In: Tradition und Ursprünglichkeit, Akten des 3. Internat. Germanistenkongresses 1965 in Amsterdam. 1966, S. 170–171.

Dies.: L. und die Habsburger. In: Colloquia Germanica 1, 1967, S. 263 bis 309.

Dies.: L.s Arminius als Zeitroman. Sichtweisen des Spätbarock. 1970.

W. Vosskamp (wie S. 51) 1967.

D. Kafitz: L.s »Arminius«. Disputatorisches Verfahren und Lehrgehalt in einem Roman zwischen Barock und Aufklärung. 1970.

G. Spellerberg (wie S. 27) 1970, bes. S. 216–233 und 240–251.

B. Asmuth (wie S. 33) 1971, S. 155–183 und 230–233.

Zu Birkens Urteil von 1679 vgl. S. 46. Hoffmannswaldau
(»Deutsche Ubersetzungen und Getichte«, 1679, Vorrede) gedenkt „der zwey berühmten sinnreichen Männer, Gryphii und
des von Lohenstein", die „zur Genüge erwiesen [...] so wie in
allen Sachen/ so sie angriffen/ also auch in ihren Trauer Spielen/
[...] was ein hurtiger und gelehrter Geist kan". Daniel Georg
Morhof (»Unterricht«, 1682, S. 739) findet in den Trauerspielen
„Andreas Gryphius und Daniel Caspar vortreflich/ von welchen
in Teutscher Sprache das Muster zu nehmen". Auch Albrecht
Christian Rotth (»Vollständige Deutsche Poesie«, 1688, Teil 3,
S. 241) will den Leser hinsichtlich der Tragödie „zu dem *Gry-*
phio und *Casparo,* den beiden berühmten Schlesiern/ weisen/ da
er schon sich selbst einen Abriß nehmen kan/ wiewohl ich nicht
läugne/ daß *Actionis unitas* nicht allemahl bey denselben scheinet
beobachtet zu seyn/ und es daher schwer fält die Materie und
derer Ausschmückung richtig zu finden". Die schlesischen Dramatiker Johann Christian Hallmann (etwa 1640–1704) und
August Adolf von Haugwitz (1645–1706) setzten L.s Nei-
gung zu opernhaften Wirkungen verstärkt fort.

In einem Grabgedicht der L.-Ausgabe von 1685 klagt Christian Knorr (von Rosenroth) über ihn und Hoffmannswaldau: „Seit dieses Götter-Paar entrissen unsrer Erden/ So werden
künfftige gewiß nur Schüler seyn". Christian Gryphius, der
Sohn des Andreas, stellt ihn in seinem Beitrag höher als Äschylus
und auf eine Stufe mit Seneca und Sophokles. In seinem Ehrengedicht zum »Arminius« meint er gar, L. habe Sophokles, Äschylus,
Seneca, Tasso, Heliodor, Barclay, Scudéry, Marino, Sidney und
Biondi übertroffen. Weniger überschwänglich würdigt an gleicher
Stelle Hans Assmann von Abschatz angesichts der französischen Okkupationspolitik die nationale Bedeutung des Romans.
Nach Heinrich Anshelm von Zigler und Kliphausen (»Asia-
tische Banise«, 1689, Vorrede), der sich selbst „einer leichten und
gewöhnlichen Redensart" bedient, bietet die Vollkommenheit
deutscher Sprache „ehestens der unvergleichliche *Arminius*". Der
Begründung der ersten deutschen Zeitschriften in den achtziger
Jahren verdanken wir die drei ausführlicheren lobenden Rezensionen (vgl. S. 66). Unter ihnen ist die von Thomasius hervor-

zuheben, der meint, daß L. „ein ungemeiner *Polyhistor* gewesen seyn müsse/ auch überdieses ein *Poëte*, der zwar an Lieblichkeit und Anmuth dem Hoffmanswaldau nicht gleich kommt/ aber der in der *hero*ischen Schreib-Art und in Tieffsinnigkeit seiner Gedichte nicht wohl seines gleichen finden möchte" (S. 682 f.). Andererseits schreibt er, daß „dieses schöne Buch von vielen sey verachtet worden/ weil nehmlich der Innhalt desselbigen den *horizont* ihres Verstandes übersteiget/ oder weil sie mehr auff die Belustigung als den Nutzen gesehen" (S. 684).

Erdmann Neumeister (»Specimen dissertationis historico-criticae de poetis Germanicis«, 1695, S. 65 f.) weiß L.s Versdichtungen, unter denen er die Tragödien hervorhebt, in fast aller Händen. Er selbst urteilt mit Einschränkung: „Dictio ejus [...] gravis, sublimis, profunda sententiis magnificis, similitudinibusque, et omni rerum nitore [...]: obscurior vero saepe, et plerumque insuavior in aures ruens. [...] Operum qua arte qua eruditione amplissimum jure *Arminius* ejus habetur, qui vero lectorem in antiquitate variaque doctrina versatissimum requirit". Benjamin Neukirch findet in der Vorrede zu Bd 1 seiner Gedichtsammlung bei L. „fast alles beysammen/ was sich in denen andern nur eintzeln zeiget. Denn er hat nicht allein von Opitzen die heroische/ von *Gryphio* die bewegliche/ und von Hoffmannswaldau die liebliche art angenommen; sondern auch viel neues hinzu gethan/ und absonderlich in *sententi*en/ gleichnissen/ und hohen erfindungen sich höchstglücklich erwiesen".

Um die Jahrhundertwende erhob sich erstmals schärfere Kritik. In Hamburg wandte sich Christian Wernicke in seinen »Überschrifften« (1697, erweitert 1701, 1704) mit mehreren Epigrammen gegen den marinistischen Stil der Schlesier. Christian Henrich Postel wies 1701 in einem Sonett den Hasen zurück, der es wage, den toten Löwen L. anzugreifen. Ihm kam Christian Friedrich Hunold alias Menantes zu Hilfe. Der Streit dauerte bis 1704 und artete in persönliches Gezänk aus; vgl. H. Vogels Hunold-Monographie (1897, S. 20–31) und R. Pechels »Prolegomena« zu seiner Wernicke-Ausgabe (1909, S. 24–48). Im 6. Gesang von Postels posthum gedrucktem Versepos »Der grosse Wittekind« (1724) wird ständig auf den »Arminius« verwiesen.

Während die Hamburger Fehde kaum mehr als regionale Bedeutung erlangte, zog ein zweiter Angriff größere Kreise. Angeregt durch ein offensichtlich im Winter 1695/96 abgehaltenes Kolloquium über den »Arminius«, tat der Zürcher Theologe

GOTTHARD HEIDEGGER (vgl. S. 67) alle Romane aus moralischer Besorgnis als lügenhaft, heidnisch und unnütz ab, fand solche wie den »Arminius«, die Fiktion und historische Wahrheit mischen, nur noch schlimmer (S. 73 f.) und ließ sich auch von dessen gelehrten Diskursen nicht umstimmen (S. 87 ff.). LEIBNIZ wies in einer anonymen Rezension (vgl. Kafitz: »L.s ›Arminius‹«, 1970, S. 51) die pauschale Verurteilung aller Romane zurück, GUNDLING (vgl. S. 67) nahm besonders den »Arminius« als hervorragendsten Roman in Schutz.

Wernickes und Heideggers Polemik blieb Episode, obwohl sich auch CHRISTIAN GRYPHIUS und NEUKIRCH um diese Zeit ohne ausdrücklichen Affront gegen L. vom Marinismus abwandten und ersterer dessen „Phoebus" und „Galimathias" verurteilte (»Poetische Wälder«, 1698, Vorwort). MAGNUS DANIEL OMEIS (»Gründliche Anleitung zur Teutschen accuraten Reim- und Dicht-Kunst«, 1704) und noch die anonyme Breslauer »Anleitung zur Poesie" (1725) geben die Hochschätzung von Neukirchs Anthologie-Vorrede vorbehaltlos weiter. LAURENTIUS (vgl. S. 67) feiert Ulrich von Hutten und L. als von Apollo bestellte Herolde des Arminius. Die Kompendien von SCHRÖTER (vgl. S. 67) und MÄNNLING (»Arminius enucleatus«, 1708; »Lohensteinius sententiosus«, 1710) zehren von L.s Ruhm. STOLLE nennt noch 1736 L. nicht nur als politischen Redner (vgl. S. 61), sondern auch als Epigrammatiker des »Arminius« in Deutschland unübertroffen (S.253). Auch beiläufige Urteile bestätigen die anhaltende Wirkung gerade des Romans. G. E. SCHEIBEL (»Die Unerkannte Sünden Der Poeten«, 1734, S. 87) ist den Romanen an sich abgeneigt, meint aber, wenn alle so gelehrt aussähen wie »Arminius«, „würde kein Mensch was auszusetzen haben". H. FREYER (»Programmata Latino-Germanica«, 1737, S. 470) schreibt, dieser Roman werde überall gerühmt und verdiene dieses Lob vor allen anderen, habe allerdings auch „etwas mit dabey, das sich für junge Leute und züchtige Augen nicht schicket".

Mit der um 1700 geborenen Generation setzte sich jedoch seit den zwanziger Jahren allmählich ein neuer, von aufklärerischer Vernunft diktierter und an Boileau und Addison klassizistisch geschulter „Geschmack" durch – auch der Begriff ist neu –, der das ingenium als obersten poetischen und rhetorischen Wert verdrängte. Der Anstoß kam wieder aus Zürich. In ihrer moralischen Wochenschrift ›Die Discourse der Mahlern‹ (1721–1723) vertraten BODMER und BREITINGER das Recht einer „natürlichen" Schreibweise gegen die angebliche Unnatur der Schlesier. Ein satirischer Dialog von Rubeen alias Bodmer (vgl. S. 67), in dem L.s auf Stelzen gehender Romanheld in der Unterwelt Rutenschläge bezieht, gab den »Arminius« der Lächerlichkeit preis GOTTSCHED in seiner Zeitschrift ›Die Vernünftigen Tadlerinnen‹ JOHANN ULRICH KÖNIG in seiner »Untersuchung Von dem Guten Geschmack In der Dicht- und Rede-Kunst« (in: Canitz: »Gedichte«, 1727) und G. F. W. JUNCKER in seiner »Untersuchung Herrn Gottfried Benjamin Hanckens Weltlicher Gedichte« (in NS, Bd 7, 1727) stimmten dieser Kritik zu. Später präzisierten die Schweizer ihre Vorwürfe. Bodmer (»Critische Betrachtungen über die Poetischen Gemählde Der Dichter«, 1741) bezichtigte „die Lohensteinische Schule" ähnlich wie kurz vorher Breitinger (vgl. S. 48) einer „räthselmässigen Schreibart" wegen dunkler Vergleiche und Metaphern (S. 107 f.). Er gab zu, ohne die hyperbolische Verschwendung könnten einige von L.s verblümten Ausdrücken schön heißen (S. 162), aber die meisten Bilder seien zu weit hergeholt (S. 165). Unter gelehrter Spitzfindigkeit werde in den Trauerspielen die Leidenschaft erstickt (S. 360), statt der Personen höre man stets den gelehrten Dichter reden (S. 425), die Helden des »Arminius« sprächen mit der Gelehrtheit eines Schulrektors (S. 516 f.). Ähnliche Vorwürfe enthält sein Lehrgedicht »Character der Teutschen Gedichte« (»Gedichte in gereimten Versen«, ²1754, S. 32 f.). Seine »Nachrichten von dem Ursprung und Wachsthum der Critik bey den Deutschen« (»Sammlung Critischer, Poetischer und andrer geistvollen Schriften«, 1741, S. 81–180) behandeln die Geschichte der Geschmacksänderung und greifen besonders auf Wernicke zurück.

Um diese Zeit waren die Schweizer bereits mit Gottsched zerstritten. Ihr Wohlwollen gegen den jungen KLOPSTOCK verschärfte die Fehde noch. Ihr Eintreten für das Wunderbare in der Poesie erschien Gottscheds starrem Wahrscheinlichkeitsdenken „noch viel ärger [...] als aller vormalige lohensteinische und marinische Schwulst" (»Auszug aus des Herrn Batteux Schönen Künsten«, 1754, S. 41). Sein Schüler CHRISTOPH OTTO VON SCHÖNAICH (»Die ganze Aesthetik in einer Nuss oder Neologisches Wörterbuch«, 1754) verspottete den Stil Bodmers, Hallers und Klopstocks durch Heranziehung ähnlicher L.-Zitate. Der Gymnasialdirekter JOHANN GOTTFRIED HAUPTMANN (»Anmerkungen und Regeln, zu der itzt neu wieder aufblühenden lohensteinischen Schreibart«, in: ›Das Neueste aus der anmuthigen Gelehrsamkeit‹, Februar 1757, S. 135–147) wandte sich ironisch gegen die „seraphischen Redner". Andererseits nahm JAKOB IMMANUEL PYRA (»Erweis, daß die G*ttsch*dianische Sekte den

Geschmack verderbe«, 1743 f.) die Schweizer in Schutz und unterschied Bodmers Vorbild Milton scharf von L.

L.s Werke wurden in der zweiten Hälfte des Jahrhunderts nicht mehr aufgelegt. Selbst als Prellbock der Literaturkritik wurde er allmählich vergessen. Schon GEBAUERS Vorrede zur Neuauflage des »Arminius« erscheint als Rückzugsgefecht. Später fanden sich nur noch wenige Befürworter. Am bekanntesten wurde MENDELSSOHNS Ehrenrettung des Romans (vgl. S. 67). Ohne erkennbare Wirkung setzten sich ZSCHOKKE (»L., als dramatischer Dichter«, in: ›Olla Potrida‹ 1790, Stück 1, S. 78–94), FRANZ HORN (»Luna«, 1805, S. 351–358; »Geschichte und Kritik der deutschen Poesie und Beredsamkeit«, 1805, S. 146–154) und J. GRÜNDLER (»Ueber zwei allzuverkannte schlesische Schriftsteller älterer Zeit«, in: ›Schles. Provinzialblätter‹ 24, 1806, S. 492–506) auch für den Dramatiker L. ein. Im übrigen reichen die Handbücher das abfällige Urteil und die Argumente der Schweizer weiter und sprechen L. stereotyp jeden Geschmack ab, bescheinigen ihm allerdings fast ebenso einhellig immer noch Genie, Talent, Phantasie oder ähnliche Tochterbegriffe von ›ingenium‹. Im 19. Jh. beanstandete man vor allem die Grausamkeit der Trauerspiele und die Inzestszene der »Agrippina«.

Die Ergebnisse der nach 1850 einsetzenden L.-Forschung wurden im Zusammenhang der einzelnen Werke besprochen. Hier genügt ein geraffter Überblick über die drei Hauptphasen. Der Zeit des Historismus und Positivismus verdanken wir neben den unbedeutenderen Arbeiten von PASSOW (1852), KERCKHOFFS (1877) und WILLNER (1888) über die Trauerspiele das vor allem biographisch wichtige Buch von C. MÜLLER (1882). CHOLEVIUS (1866) stellte unter den Romanen des 17. Jhs den »Arminius« heraus, BOBERTAG (1876) beschäftigte sich daneben allgemeiner mit der „Kunsttragödie" der Zeit. Die Aufwertung der Barockzeit seit dem Expressionismus führte 1924–1940 zu einer Reihe von Veröffentlichungen, zumeist Dissertationen, die weniger L. allein als dem schlesischen Trauerspiel überhaupt gelten. Hervorzuheben sind die Arbeiten von JUKER (1924), MARTIN (1927), KATZ (1933) und besonders LUNDING (1940). LAPORTE (1927) und WEHRLI (1938) begründeten die »Arminius«-Forschung. HANS VON MÜLLER (1924) verfaßte seine L.-Bibliographie. Die Neuausgabe der Trauerspiele durch JUST (1953–1957) und dessen Habilitationsschrift (1961) leiteten die letzte, offensichtlich noch anhaltende Forschungsphase ein, die bisher hauptsächlich von ausländischen Gelehrten (VERHOFSTADT, GILLESPIE, SZA-

ROTA) bestritten wurde. Das neue Interesse hat in jüngster Zeit auch auf den »Arminius« übergegriffen (KAFITZ, SZAROTA).

Ältere Literatur über L. erfaßt K. H. JÖRDENS (»Lexikon deutscher Dichter und Prosaisten«, Bd 3, 1808, S. 443–456, und Bd 6, 1811, S. 518 f.). Literatur über die Trauerspiele bespricht K. G. JUST (»Die Trauerspiele L.s«, 1961, S. 15–32). Im übrigen sei auf die Literaturverzeichnisse in den L.-Büchern der letzten Jahre (VERHOFSTADT 1964, KAFITZ 1970, SPELLERBERG 1970, SZAROTA 1970, ASMUTH 1971) und auf die Forschungsberichte zur Barockliteratur von E. TRUNZ (DVjs. 18, 1940, Referatenheft, S. 1–100) und E. LUNDING (Orbis litterarum 8, 1950, S. 27 bis 91, und Wirk. Wort 2, 1951/52, S. 298–306) sowie zum Drama des 16. und 17. Jhs von R. TAROT (Euph. 57, 1963, S. 411–453) verwiesen.

Nicht berücksichtigt sind die Personen der Trauerspiele und des
»Arminius«.

Abschatz, H. A. von 13 f., 18, 61, 69
Achilleus Tatios 37
Achillini, C. 61
Addison, J. 71
Aegidius Albertinus 43
Albin(us), C. 55, 57
Andrae, A. 37, 39
Appian 36
Artzat, A. C. von 7, 11, 15, 17, 55, 56
Artzat, G. F. von 7, 11, 56
Äschylus 69
Asmuth, B. 17, 28–37, 41, 42, 48, 49, 51, 62–64, 68, 74
Assig, Andreas von 7, 11, 12, 18, 55, 56
Assig, Anna 11, 56
Assig, H. von 7

Baier, L. 51
Barclay, J. 69
Barth, I.-M. 20
Batteux, C. 72
Baumann, R. 55
Baumstark, R. 35
Beckmann 23
Bekker, H. 51
Benserade, I. de 28–30, 47
Besser, J. von 61
Bibran, E. von 56
Bilizer 55
Biondi, G. F. 69
Birken, S. von 46, 69
Bisaccioni, M. 40, 41
Blanca von Bourbon 58
Bobertag, F. 19, 50, 67, 73
Bochart, S. 28
Bodmer, J. J. 38, 39, 67, 71–73

Boileau-Despréaux, N. 71
Born 6
Brancaforte, C. L. 55
Braun-Troppau, E. W. 15, 18, 23
Brede, L. 50
Breitinger, J. J. 39, 48, 50, 67, 71, 72
Bucher (Pucher), S. von 56
Bu(c)kisch, C. 10, 55–57

Canitz, F. R. von 72
Capua, A. G. de 22, 23
Carpzov, B. 5, 6
Castro, J. de 58, 59
Charlotte von Hessen 58, 59
Cholevius, C. L. 43, 64, 67, 73
Christian von Wohlau, Brieg und Liegnitz 10, 12, 14, 15
Christine von Schweden 65
Cicero 13
Claudia Felicitas 40, 55
Corneille, P. 36, 37, 45, 49
Coronel, M. 52, 54
Cromwell, O. 27, 65
Cunradus, J. H. 4, 10, 11, 15, 18, 55
Cysarz, H. 18, 43, 50

Degenfeld, M. S. L. von 19, 22, 58
Descartes, R. 46, 66
Desmarets de Saint-Sorlin, J. 34
Dion, Cassius 28, 29
Dlugossius, J. 61
Dobricius, G. 55, 56

Eboli, A. de Mendoza von 58
Eichendorff, J. von 65
Elisabeth Marie von Oels-Württemberg 11

Eppelsheimer, H. W. 20
Erler, G. 6, 18
Ernst, G. P. G. 54
Ettlinger, J. 23

Fechner, J. 4
Fellgi(e)bel, J. 17, 24, 25
Ferdinand V. von Aragonien 60
Filippon, S. 54
Flemming, W. 19, 38, 43, 44, 50
Förster, K. 19
Frenzel, E. 25, 28, 36, 62
Freyer, H. 71
Fri(e)be, M. 6
Friederich, W. P. 43, 50
Friedrich III. von Brandenburg 10, 16
Friedrich Wilhelm, der Große Kurfürst 16
Fülleborn, U. 38, 40, 46, 51

Gebauer, G. C. 4, 5, 7, 8, 10, 11, 13, 18, 20, 23, 27, 38, 53, 57, 58, 62, 64, 66, 67, 73
Georg III. von Brieg 15, 27
Georg Wilhelm von Liegnitz, Brieg und Wohlau 13–15, 20, 22, 60, 61
Gerling, R. 54, 55
Gervinus, G. G. 38
Gerzan du Sonoy, F. de 37
Gilbert, G. 32
Gillespie, G. E. P. 27, 30, 31, 33, 35, 38, 40–42, 44, 45, 51, 54, 55, 73
Gloger, H. von 10
Goldfuß, H. M. von 10, 16, 55
Gottsched, J. C. 46, 72
Gracián, B. 13, 15, 20, 60
Gründler, J. 73
Gryphius, A. 11, 19, 26, 27, 35, 36, 39, 42–51, 54–56, 69, 70
Gryphius, C. 2, 14, 17, 69, 71
Guarini, G. 14, 60, 61
Gundling, N. H. 67, 71

Hallbauer, F. A. 19
Haller, A. von 72

Hallmann, J. C. 5, 36, 69
Hamann, J. G. 59
Hancke, G. B. 72
Hankamer, P. 45, 50
Hansen, W. 62, 68
Haugwitz, A. A. von 26, 69
Haupt, D. 55, 57
Haupt, H. (von?) 6, 55, 57
Hauptmann, J. G. 72
Heckel, H. 43, 50
Heidegger, G. 67, 71
Heinel 1, 2
Heinrich von Spanien 59
Heliodor 62, 69
Helwich, C. 6, 8, 13, 17, 18, 24
Henel von Hennefeld, N. 15
Henniger, G. 20
Hiersemann, K. W. 19
Hildebrandt, H. 35, 50
Hippe, M. 27, 31, 33, 36, 39
Hoffmann von Hoffmannswaldau, C. 5, 7, 12–14, 17, 19, 20, 22, 23, 42, 52, 54, 56, 58, 59, 61, 69, 70
Hofmann-Wellenhof, P. von 62, 67
Horaz 38, 46
Horn, F. 73
Horn, G. 65
Hübner, J. 61
Hübscher, A. 22, 23, 57
Huet, P. D. 65
Hultsch, P. 68
Hund, G. von 15
Hunold, C. F. (Menantes) 70
Hutten, U. von 71

Ingen, F. van 27, 40

Jacob, H. 64, 68
Jacquot, J. 51
Jauß, H. R. 31
Jesaja 21, 52, 54
Jesus Christus 4, 52, 54
Jöcher, C. G. 15
Johann Christian von Brieg 1
Johann III. Sobieski von Polen 16
Jördens, K. H. 74

Juker, W. 26, 31, 38, 39, 43, 49, 50, 73
Juncker, G. F. W. 72
Jung, T. 3
Just, K. G. 2, 7, 8, 13, 16–18, 20, 22, 24, 26, 28, 30, 31, 33–35, 39–42, 45–47, 49, 51, 53, 73, 74

Kafitz, D. 30, 31, 36, 39, 66, 68, 71, 74
Kâmil, B. 26, 42
Kamper, G. 17
Kamper, M. 56
Karl Gustav von Schweden 65
Karl Ludwig von der Pfalz 19, 22, 58, 59
Katz, M.-O. 38, 39, 42, 43, 50, 54, 73
Kaufmann, J. 35
Kayn, G. R. von 61
Kayser, W. 38, 40
Keltsch 27
Kerckhoffs, A. 27, 28, 30, 31, 33, 36, 39, 50, 73
Kircher, A. 28
Klein, J. 51
Kleindienst, T. von 8–10
  dessen Bruder 8, 9
  dessen Vater 8, 9
Kleinwächter, V. 4
Klopstock, F. G. 62, 67, 72
Klose, H. 4–6, 19, 21
Kneschke, E. H. 8
Knorr, Caspar 19
Knorr (von Rosenroth), Chr. 17, 69
Kolitz, K. 5
König, J. U. 72
Köttelwesch, C. 20
Kretschmer, A. 10
Kretschmer, C. 4
Kundmann, J. C. 17, 18
Kurz, H. 18

La Calprenède, G. de Costes de 28, 62
Lange von Langenau, A. 15

Laporte, L. 64, 67, 73
Laurentius, M. C. 67, 71
Lauterbach, W. A. 7, 19
Lefebvre, J. 51
Leibniz, G. W. 71
Leopold I. von Österreich 14, 16, 35, 36, 40, 41, 52, 55, 58, 64
  dessen Sohn Leopold 16
Lichtenstein, F. 26
Liselotte von der Pfalz 58
Livius 36
Logau, B. F. von 1, 3, 9, 13, 23, 52, 53, 56
Logau, F. von 3, 15
Logau, H. von, geb. von Posadowsky 14
Lohensteins Familie:
  Johann (Hans) Casper von Lohenstein (Vater) 2, 8, 12
  Susanna Casper geb. Schädel (Mutter) 2, 3, 6, 9, 21, 56
  Marie Casper (Schwester) 3, 6, 17, 21
  Hans (Johann) Casper von Lohenstein (Bruder) 1, 3, 6–8 10, 11, 13–18, 56, 62
  Hans Christian von Lohenstein (Neffe) 3
  Elisabeth Casper von Lohenstein geb. Herrmann (Ehefrau) 9, 10, 14, 18
  Helena (Tochter) 10
  Euphrosine (Tochter) 10
  Elisabeth (Tochter) 10
  Daniel (Sohn) 10, 16
Lubos, A. 26, 31, 50
Lucae, F. 1, 4, 10, 12, 14, 15, 17, 18, 55
Ludwig von Liegnitz 15
Luise von Brieg 10, 14, 15
Lunding, E. 25, 26, 31–35, 37–39, 41–45, 49, 50, 73, 74
Lünig, J. C. 14, 19
Lupton, P. W. 34, 35, 41–43, 50

M., V. 61
Machner, M. 55, 56
Maier, Joh. Eus. von 21

Maier, Jul. El. 21
Maior, E. 27
Mairet, J. 36–38
Mannack, E. 54, 55
Männling, J. C. 18, 23, 59, 67, 71
Margareta Theresia von Spanien 36
Marino, G. (und Marinismus) 42, 48, 61, 69, 70–72
Martin, W. 43, 48, 50, 73
Martini, M. 66
Mascaron, P. A. 34
Matthisson, F. 19
Meinhardt, H. 43, 50
Meister, J. G. 19
Mencke, J. B. (Philander von der Linde) 16, 35
Mendelssohn, M. 67, 73
Menzel, W. 2
Metzger, E. A. 22
Miltiades 4
Milton, J. 73
Möller, G. H. 28, 31
Monath, W. 50
Montaigne, M. 34
Morhof, D. G. 69
Mühlpfort, H. 5
Müller, C. 1–18, 21–28, 31, 48, 50, 55, 57, 73
Müller, G. 66, 67
Müller, Hans von 5–7, 9, 17–21, 52, 53, 55–57, 73
Müller, Helmut 53, 57
Müller, O. 51
Müller, W. 19
Münch, G. 18, 23
Muncker, F. 62, 67
Muris, O. 48, 50

Naumann, W. 55
Neukirch, B. 21–23, 56–60, 70, 71
Neumann, C. 61
Neumeister, E. 70
Nesselrode, F. von 15, 17, 36
Newald, R. 41
Nickel, W. 15, 18, 56
Niclas, A. 52
Nieuwelandt, W. van 29, 37

Nostitz, O. von 15
Nuglisch, O. 43, 49, 50

Omeis, M. D. 71
Opitz, M. 45, 52, 53, 70

Padilla, M. de 58
Passow, W. A. 31, 48, 50, 73
Pechel, R. 70
Pellissier, I. 33, 34
Pestaluzzi, O. 15
Peter der Grausame von Kastilien 54, 58
Petrarca, F. (und Petrarkismus) 42, 48, 61
Pfeiffer, C. 1–3, 6–8, 10, 11, 14, 16, 18, 62
Philipp II. von Spanien 58
Philipp IV. von Spanien 36
Philippson, E. A. 22, 23
Pindar 46
Plinius 4, 13
Plutarch 28, 29
Posadowsky, H. A. von 1, 5, 14, 15, 51
Postel, C. H. 70
Pyra, J. I. 72 f.

Rauchmüller, M. 15, 16, 18, 56
Rauchmüller, P. 16
Rehdiger, von 17, 22
Ricaut, P. 41
Riffert, J. E. 62, 67
Rohde, E. 37
Rotermund, E. 31, 47
Roth, F. von 1, 11–15, 51, 55
Rotth, A. C. 69

Sallust 48
Sandrart 18
Sansovino, F. 41
Scaliger, J. C. 45
Schardius, S. 62
Schaufelberger, F. 26, 44, 45, 50
Scheel, W. 62, 67
Scheibel, G. E. 71
Scherer, W. 27, 30
Schiller, F. von 51

Schlegel, A. W. 53
Schlegel, J. H. 38, 39
Schmeiss 55
Schmettau, T. von 10
Schmidt, E. 18
Scholtz, Christian (von?) 15
Schol(t)z, Christoph 4
Scholtz, Chrysost. 56
Schönaich, C. O. von 72
Schöne, A. 19, 47, 49, 51
Schönwälder 15, 23
Schröter, C. 67, 71
Scudéry, M. de 25, 62, 69
Selden, J. 28
Seneca 34, 44, 46, 48, 51, 69
Sexau, R. 50
Sidney, Ph. 69
Sinapius, J. 2, 3, 5–7, 10–12, 14,
    15, 17, 18, 55, 56
Skrine, P. 29, 31, 37, 40, 51
Sophokles 69
Spalatinus, G. 62
Spellerberg, G. 27, 31, 33–35, 38,
    40, 42, 62, 68, 74
Speyer, C. 54, 58
Stachel, P. 43, 50
Steffen, H. 51
Stier (Stirius), W. 4
Stolle, G. 46, 60, 61, 67, 71
Sueton 32
Sylvius Nimrod von Württem-
    berg-Oels 11
Szarota, E. M. 16, 26, 27, 35, 38,
    42, 45, 51, 61, 62, 64–66, 68,
    73, 74

Täbisch, G. von 22
Tacitus 32–34, 43, 48, 49, 63, 64
Tarot, R. 39, 40, 46, 74
Tasso, T. 69
Tentzel, W. E. 18, 66
Thomae, E. 17
Thomas(ius), C. 66, 69 f.
Thomson, J. 39
Tieck, L. 19, 25, 33

Tristan L'Hermite, F. 34, 35, 37,
    41
Trunz, E. 74
Tscherning, J. 18
Valentin, J. M. 33, 35
Verhofstadt, E. 6–8, 16, 18, 24, 27,
    28, 31, 34, 35, 38, 40, 42, 46,
    51, 62, 65, 66, 68, 73, 74
Vincens, Cath. geb. von Täbisch
    22, 55
Vincens, Chr. 6, 9, 22, 55, 57
Vogel, H. 70
Voßkamp, W. 20, 39, 45, 46, 51,
    68

Wagner, C. 62, 64
Wegener, C. H. 14, 18
Wehrli, M. 64, 68, 73
Weichmann, C. F. 48
Weier, W. 51
Welti, H. 54
Wendt, H. 7, 12, 18, 55
Wentzlaff-Eggebert, F.-W. 46,
    51, 53, 54
Werner, R. M. 31
Wernicke, C. 70–72
Wieland, C. M. 62, 67
Willner 50, 73
Witt, J. de 62
Wolfahrt, A. M. 55
Wolf(fs)burg, G. von 12, 55
Wolf(fs)burg, M. von 12, 56
Woodtli, O. 68

Xiphilinos, J. 28, 32

Zangin, A. R. von 55
Zesen, Ph. von 25, 26, 37, 46
Ziemendorff, I. 54
Zigler und Kliphausen, H. A. von
    33, 69
Zirotin, C. H. von 24
Zirotin, P. von 24
Zschokke, (Heinrich?) 73

SAMMLUNG METZLER

M 1 Raabe *Einführung in die Bücherkunde*

M 2 Meisen *Altdeutsche Grammatik I: Lautlehre*

M 3 Meisen *Altdeutsche Grammatik II: Formenlehre*

M 4 Grimm *Bertolt Brecht*

M 5 Moser *Annalen der deutschen Sprache*

M 6 Schlawe *Literarische Zeitschriften [I:] 1885–1910*

M 7 Weber/Hoffmann *Nibelungenlied*

M 8 Meyer *Eduard Mörike*

M 9 Rosenfeld *Legende*

M 10 Singer *Der galante Roman*

M 11 Moritz *Die neue Cecilia. Faksimiledruck*

M 12 Nagel *Meistersang*

M 13 Bangen *Die schriftliche Form germanist. Arbeiten*

M 14 Eis *Mittelalterliche Fachliteratur*

M 15 Weber/Hoffmann *Gottfried von Straßburg*

M 16 Lüthi *Märchen*

M 17 Wapnewski *Hartmann von Aue*

M 18 Meetz *Friedrich Hebbel*

M 19 Schröder *Spielmannsepik*

M 20 Ryan *Friedrich Hölderlin*

M 21 a, b (siehe M 73, 74)

M 22 Danzel *Zur Literatur und Philosophie der Goethezeit*

M 23 Jacobi *Eduard Allwills Papiere. Faksimiledruck*

M 24 Schlawe *Literarische Zeitschriften [II:] 1910–1933*

M 25 Anger *Literarisches Rokoko*

M 26 Wodtke *Gottfried Benn*

M 27 von Wiese *Novelle*

M 28 Frenzel *Stoff-, Motiv- und Symbolforschung*

M 29 Rotermund *Christian Hofmann von Hofmannswaldau*

M 30 Galley *Heinrich Heine*

M 31 Müller *Franz Grillparzer*

M 32 Wisniewski *Kudrun*

M 33 Soeteman *Deutsche geistliche Dichtung des 11. u. 12. Jh.s*

M 34 Taylor *Melodien der weltlichen Lieder des Mittelalters I: Darstellung*

M 35 Taylor *Melodien der weltlichen Lieder des Mittelalters*
   II: Materialien
M 36 Bumke *Wolfram von Eschenbach*
M 37 Engel *Handlung, Gespräch und Erzählung. Faksimiledruck*
M 38 Brogsitter *Artusepik*
M 39 Blankenburg *Versuch über den Roman. Faksimiledruck*
M 40 Halbach *Walther von der Vogelweide*
M 41 Hermand *Literaturwissenschaft und Kunstwissenschaft*
M 42 Schieb *Heinrich von Veldeke*
M 43 Glinz *Deutsche Syntax*
M 44 Nagel *Hrotsvit von Gandersheim*
M 45 Lipsius *Von der Bestendigkeit. Faksimiledruck*
M 46 Hecht *Christian Reuter*
M 47 Steinmetz *Die Komödie der Aufklärung*
M 48 Stutz *Gotische Literaturdenkmäler*
M 49 Salzmann *Kurze Abhandlungen über einige wichtige Gegenstände aus*
   der Religions- u. Sittenlehre. Faksimiledruck
M 50 Koopmann *Friedrich Schiller I: 1759–1794*
M 51 Koopmann *Friedrich Schiller II: 1794–1805*
M 52 Suppan *Volkslied*
M 53 Hain *Rätsel*
M 54 Huet *Traité de l'origine des romans. Faksimiledruck*
M 55 Röhrich *Sage*
M 56 Catholy *Fastnachtspiel*
M 57 Siegrist *Albrecht von Haller*
M 58 Durzak *Hermann Broch*
M 59 Behrmann *Einführung in die Analyse von Prosatexten*
M 60 Fehr *Jeremias Gotthelf*
M 61 Geiger *Reise eines Erdbewohners in den Mars. Faksimiledruck*
M 62 Pütz *Friedrich Nietzsche*
M 63 Böschenstein-Schäfer *Idylle*
M 64 Hoffmann *Altdeutsche Metrik*
M 65 Guthke/Schneider *Gotthold Ephraim Lessing*
M 66 Leibfried *Fabel*
M 67 von See *Germanische Verskunst*
M 68 Kimpel *Der Roman der Aufklärung*
M 69 Moritz *Andreas Hartknopf. Faksimiledruck*
M 70 Schlegel *Gespräch über die Poesie. Faksimiledruck*
M 71 Helmers *Wilhelm Raabe*

M 72 Düwel *Einführung in die Runenkunde*

M 73 Raabe *Einführung in die Quellenkunde zur neueren deutschen Literaturgeschichte* (bisher M 21 a)

M 74 Raabe *Quellenrepertorium zur neueren deutschen Literaturgeschichte* (bisher M 21b)

M 75 Hoefert *Das Drama des Naturalismus*

M 76 Mannack *Andreas Gryphius*

M 77 Straßner *Schwank*

M 78 Schier *Saga*

M 79 Weber-Kellermann *Deutsche Volkskunde*

M 80 Kully *Johann Peter Hebel*

M 81 Jost *Literarischer Jugendstil*

M 82 Reichmann *Deutsche Wortforschung*

M 83 Haas *Essay*

M 84 Boeschenstein *Gottfried Keller*

M 85 Boerner *Tagebuch*

M 86 Sjölin *Einführung in das Friesische*

M 87 Sandkühler *Schelling*

M 88 Opitz *Jugendschriften. Faksimiledruck*

M 89 Behrmann *Einführung in die Analyse von Verstexten*

M 90 Winkler *Stefan George*

M 91 Schweikert *Jean Paul*

M 92 Hein *Ferdinand Raimund*

M 93 Barth *Literarisches Weimar*

M 94 Könneker *Hans Sachs*

M 95 Sommer *Christoph Martin Wieland*

M 96 van Ingen *Philipp von Zesen*

M 97 Asmuth *Daniel Casper Lohenstein*

M 98 Schulte-Sasse *Literarische Wertung*

M 99 Weydt *H. J. Chr. von Grimmelshausen*

M 100 Denecke *Jacob Grimm und sein Bruder Wilhelm*

J. B. METZLER STUTTGART